La magia de las flores

Si este libro le ha interesado y desea que le mantengamos informado
de nuestras publicaciones, escríbanos indicándonos qué temas son de su interés
(Astrología, Autoayuda, Ciencias Ocultas, Artes Marciales, Naturismo,
Espiritualidad, Tradición...) y gustosamente le complaceremos.

Puede consultar nuestro catálogo en www.edicionesobelisco.com

Colección Espiritualidad y vida interior
La magia de las flores
Anastasia Mostacci

Título original: *Flower Magic*
1.ª edición: junio de 2025

Traducción: *Cristina Zuil*
Maquetación y diseño: *Isabel Also + Bebung*
Corrección: *Sara Moreno*
Ilustraciones: *Giada Ungredda*

Vivida
Vivida® es marca registrada propiedad de White Star s.r.l
www.vividabooks.com

Edita: Ediciones Obelisco, S. L.
Collita, 23-25. Pol. Ind. Molí de la Bastida
08191 Rubí - Barcelona - España
Tel. 93 309 85 25 - E-mail: info@edicionesobelisco.com

ISBN: 978-84-1172-254-4
DL B 22392-2024

Printed in China

Anastasia Mostacci

La magia de las flores

El lenguaje secreto de las flores

Ilustraciones:
Giada Ungredda

EDICIONES OBELISCO

índice

En la magia de las flores

No hay duda: las flores son la parte más comunicativa de las plantas. Nos hablan a través de los colores, las geometrías y su manera confiada de abrirse al mundo. Son valientes. Desde el momento en el que sólo son un capullo, no tienen miedo a revelarse y mostrar totalmente su naturaleza. Su magia siempre ha estado ligada a la adivinación y al amor. ¿Quién no le ha arrancado los pétalos a una margarita, preguntándose «¿Me quiere? ¿No me quiere?».

El poder inherente de las plantas, nuestras compañeras desde los albores del tiempo, crea una antigua conexión que reverbera en nuestra consciencia colectiva. El lenguaje de las plantas es el que nuestras antepasadas, mujeres sabias conectadas a la tierra, conocían a la perfección. No importaba si no sabían leer o escribir. Su conocimiento procedía de las tradiciones y la experiencia. Las hierbas, las flores y los frutos estaban entretejidos en el telar de su vida diaria, en la que se fundían de manera impecable un toque de misterio y una existencia rutinaria, a menudo de forma inconsciente. Incluso en la actualidad, el acto sencillo de preparar una manzanilla no sólo nos permite disfrutar de sus beneficios, sino que también nos envuelve en su hechizo. El ritual de dar un sorbo a una taza de esta infusión, elaborada con esmero antes de dormir, nos reconecta con nuestro brujo, mago o chamán interior. Nuestra naturaleza mágica despierta en presencia de plantas y flores. Todas tienen un mensaje para nosotros, susurrado a través de los sentidos.

Anastasia habla el lenguaje de las hojas, los pétalos y los pistilos. Parece que cada una de sus creaciones es un diálogo íntimo con la naturaleza. Entiende las complejidades sutiles aovilladas en los pimpollos, entre los pétalos delicados de la milenrama y en el corazón de la viola. Quería que su libro fuera como un paseo por un parque florido, con sus distintos lechos: el jardín del viento, de los sentidos, del alma, del niño interior, etc. Te invito a dejarte guiar de su mano mientras deambulas por las páginas florecientes de este libro, despertando el hechizo que ya reside en las profundidades de tu corazón y del que ya eres consciente.

Cecilia Lattari

A medida que la vida florece

Tuve la suerte de dar mis primeros pasos en un jardín y crecer y transformarme a la par que él. Mi abuela había plantado allí muchas flores que creaban armoniosos lechos que conversaban entre sí, contando historias inaudibles, pero aromáticas, coloridas y tan generosas como el proceso de floración.

Con esos pétalos delicados y fragantes, las niñas creábamos pociones, dábamos de comer a las mariposas y las hadas, elaborábamos coronas o joyas y decorábamos las cabañas construidas cerca de los árboles. Recogiendo pequeños ramos con los que adornar o perfumar la casa o con los que obsequiar a los adultos, que los aceptaban con una sonrisa, aprendí que una flor es un regalo y un mensaje; es un ser que se ofrece y enseña el lenguaje de la belleza y la armonía. Junto con una tía muy querida, aprendí a reconocerlas y admirarlas, a recogerlas, a saborear las comestibles y dulces, a secarlas para después crear pequeñas almohadas aromáticas o a transformarlas en aceites o tinturas. El jardín cambiaba con cada estación. Lo observé desnudarse, vestirse de colores y aromas y llenarse de insectos y diminutas criaturas que encontraban su hogar entre las flores y los tallos. Había majestuosos árboles que proporcionaban una refrescante sombra, árboles que escalábamos para recoger y comer albaricoques. Había arbustos, setos aromáticos de laurel y lavanda. Había caquis que caían de repente y uvas que maduraban al Sol. Y también había flores, con formas y personalidades distintas que parecían seres feéricos de otro mundo. Durante un segundo, sólo eran capullos y, al siguiente, se abrían para revelar reinos llenos de encanto, presentar una sorprendente geometría natural y desprender característicos aromas que susurraban a mis sentidos durante la magia de la infancia.

El jardín me enseñó sobre la vida mostrándomela. Me inculcó la comprensión de la naturaleza cíclica de las estaciones y los seres vivos, me reveló que la floración puede parecer huidiza, pero transcendental por su exquisita belleza. Me anunció que, si el destino de una flor no era desvanecerse, no habría fruto ni semilla. En esta sabiduría que representa la naturaleza, la flor simboliza un momento de belleza sin igual, una manifestación espontánea de su esencia y el acto generoso de ofrecerse a sí misma.

La flor que se abre y se presenta ante el mundo es belleza pura, un encantamiento sencillo del que reciben información, se nutren y con el que se transforman nuestros sentidos. Es una invitación para seguir su ejemplo: abrirnos, revelar nuestro «yo» verdadero y ofrecer sin límites nuestras cualidades únicas, permitiendo que nuestras almas florezcan sin adherirse a ninguna forma o versión concreta.

La flor avanza por la vida con ligereza, fugaz pero absoluta. Nunca es ni se ofrece de forma parcial. Es mágica. Es la naturaleza en su máxima expresión y, por esa razón, suele considerarse la vía hacia ámbitos invisibles, antiguos como mitos, leyendas y sueños, espontáneos como la infancia y secretos y sagrados como el alma.

Todas las flores son expresiones únicas que muestran sus particularidades a través de la red de relaciones del mundo vegetal, donde nada funciona por separado. Bajo la superficie, las raíces se entrelazan y entretejen. Las flores existen en relación con la tierra, el agua, el Sol, el aire y todo el reino vegetal. Aparecen y desaparecen, florecen y se desvanecen, como un sueño, una imagen preciosa que llevar dentro.

La magia de las flores está en todas partes, generosa e innegable. Nos recuerda cada momento de belleza del mundo, incluso cuando la hemos olvidado. Las flores, entidades vivas con las que podemos forjar una conexión, nos inspiran para nutrir nuestro interior con sus espléndidos atributos.

La historia de nuestra vida en el planeta es la historia de nuestra relación con las plantas. Mientras que el primer *Homo sapiens* data de hace 200 000 años, las primeras plantas aparecieron hace 460 millones de años. Por eso, conservan una gran riqueza de conocimientos, de los que tenemos mucho que aprender.

Mientras que el mundo animal depende de otros, el reino vegetal es autónomo y transforma su vida en oxígeno, nutrientes, medicamentos y belleza. Las plantas tienen la capacidad de transformar la luz del Sol en comida y medicinas, y son la mediación necesaria que une a los humanos con nuestra estrella, con la vida. No dejan de crear y transformar el entorno, hacen posible la vida y la transitan, llenándola de belleza.

Ancladas con firmeza al suelo y conversando continuamente con el cielo, nos recuerdan que los distintos planos de existencia se entrelazan y que la sensualidad y la sexualidad son naturales, inherentes y puras, dando lugar tanto a la creatividad como a la conexión. Las plantas hacen el amor de forma constante, entre ellas y con los animales. Así es como florecen, llenan el aire de aroma y dan sus frutos; así es como surgen los jardines y los bosques.

Conectar con las flores es un aspecto intrínseco de nuestra experiencia humana, una sabiduría entretejida con los mitos y las leyendas. Aunque esta comprensión, en cierto sentido, ha desaparecido con el tiempo, podemos reactivarla comenzando a ver las plantas como entidades que deberían jugar un papel más significativo en nuestra vida diaria. Cultivar una relación sagrada y mágica con las flores nos transformará y nos ayudará a desarrollarnos. Entraremos en todos los jardines de puntillas, los observaremos con respeto y dejaremos que la intuición nos guíe hacia una flor u otra. Permitiremos que la magia llegue a nosotros.

Anastasia Mostacci

Jardín del alma

Aquí las flores tienen formas muy extrañas, con pétalos más efímeros. Entre sus colores, destacan los tonos azules y los blancos radiantes. Llenan la noche con aromas embriagadores y hablan el lenguaje de los sueños, las visiones, el espíritu. Crean un puente con lo invisible y el misterio, nos guían hacia dimensiones con una consciencia más amplia. Entramos en este jardín en silencio, con pasos quedos y una confianza firme que no se puede ver, pero sí sentir. Accedemos con una única certeza: la de emerger transformados.

Gloria de la mañana

IPOMOEA

La delicada corola azul o morada se abre a primera hora de la mañana y se cierra a lo largo del día. Dada su fugacidad, la gloria de la mañana se asocia con el mundo de los sueños.

Autóctona de los climas tropicales, la gloria de la mañana ha proliferado de manera natural por todo el mundo, desde húmedos bosques a playas de arena.

Según la tradición china, un joven enamorado de la Luna, para alcanzarla, se transformó en esta flor que escala hacia el cielo, enrollándose sobre sí misma. Conectada de forma perpetua con lo místico y lo etéreo, la gloria de la mañana es sinónimo del ámbito de los sueños y las visiones. No es casualidad que algunas poblaciones de América Central o del Sur usen sus semillas durante rituales chamánicos y de adivinación. Considerada un enteógeno, estas semillas contienen un alcaloide conocido por producir potentes alucinaciones.

La gloria de la mañana es una flor delicada que se estropea con facilidad al tocarla. Muere por la noche y renace por la mañana, inspirándonos a renovarnos y transformarnos. Se cree que es un aliado valioso para liberarnos de adicciones o situaciones autodestructivas. Podemos llevarla como amuleto o sobre lo alto de la cabeza mientras meditamos en beneficio del chakra corona. Colocada bajo la almohada, fomenta los sueños lúcidos y los viajes astrales.

• LA MAGIA DE LA FLOR •

La magia de la gloria de la mañana consiste en liberarnos y conectarnos con el universo, el misterio, lo infinito. Es similar a una campanilla, cuyo repiqueteo sólo resuena con aquéllos lo bastante valientes para prestar atención a los susurros de sus sueños.

Flor de la pasión

PASSIFLORA INCARNATA

Esta flor profundamente mística, elegida para simbolizar tanto la pasión como el sufrimiento, se considera un remedio con la capacidad de atenuar el dolor.

Autóctona de América del Norte y del Sur, los misioneros jesuitas, en torno al 1610, le atribuyeron ese nombre al ver en sus formas una representación de la pasión de Cristo: una corona de espinas, clavos y un martillo en la flor, con los zarcillos como látigos y las hojas como lanzas.

La flor de la pasión es una planta que regula los niveles de serotonina y, por lo tanto, se la conoce por sus propiedades calmantes. Si se coloca bajo la almohada, fomenta un descanso plácido y vívidos sueños. Un aceite preparado a base de sus flores puede usarse para masajear las sienes y el plexo cardíaco, lo que aliviará las preocupaciones y cualquier otro peso. También ayuda a la liberación de emociones y pensamientos dañinos para curar las heridas emocionales.

La flor de la pasión potencia las capacidades psíquicas, fomenta una conciencia espiritual elevada, permite la canalización e induce un estado de éxtasis místico. Podemos beberla como té, meditar en su presencia o inhalar su esencia floral.

LA MAGIA DE LA FLOR

La magia de la flor de la pasión consiste en elevarnos: aleja nuestro corazón de heridas pasadas, nuestra mente de pensamientos ordinarios y nuestro espíritu de lo inherente.

Loto azul

NYMPHAEA CAERULEA

A menudo usado en ceremonias funerarias para incitar al alma a que encuentre la luz de nuevo, el loto azul es un símbolo de la creación, el renacimiento y el ciclo «vida, muerte y vida». Es la flor que puede transportarnos entre mundos.

Místico y misterioso, el loto vive en el umbral de los reinos, entre la luz y la oscuridad, la vida y la muerte. Sus raíces se hunden en el barro y en las sombras mientras su corola en forma de cáliz, reminiscencia del útero materno, se abre con suavidad por la mañana antes de cerrarse de nuevo al atardecer en un ciclo perpetuo de finales y principios.

Como morador del umbral y el renacimiento, el loto siempre se ha usado en rituales y ceremonias chamánicas para entrar en comunión con guías espirituales, ancestros y elementos de la dimensión astral y más allá. La familia a la que pertenece, las *Nymphaeaceae*, es antigua y primordial, un receptáculo de recuerdos ancestrales que datan de mucho antes de la aparición del *Homo sapiens*. Puede devolvernos a los orígenes al sumirnos en un estado meditativo profundo y favorecer la clarividencia y los sueños lúcidos.

Además, gracias a la tenue presencia de alcaloides, como planta oneirogénica, actúa de guía en los sueños y nos revela estados liminales de consciencia que nos vuelven sensibles a las distintas dimensiones de la realidad. Al mismo tiempo, sirve como catalizador en rituales y hechizos para potenciar su poder.

• LA MAGIA DE LA FLOR •

El loto azul es una flor a la que dirigirnos para abrir puertas y consagrar la nueva senda. Realza el espíritu sin negar la parte de nuestro ser que nació del barro, acercándola a la luz y dándole la bienvenida con amor.

Amapola

PAPAVER

Sus pétalos ligeros, pintados como las alas de una mariposa en torno a un centro de semillas negras como la noche, nos hablan de su conexión con los sueños.

Aunque la planta se encuentra en el sur de Europa, Asia y América del Norte, hay pruebas en Suiza que demuestran que la amapola existe desde el Neolítico. Los sumerios la usaban con propósitos medicinales y recreativos.

Hay unas setenta variedades. Las más conocidas son la amapola real y la amapola silvestre o común. Todas las partes de estas amapolas contienen alcaloides, con la excepción de las semillas, que son aptas para el consumo.

La amapola se relaciona con los sueños y la muerte. Crece en los campos de batalla, regenera el suelo aprovechado para los cultivos, se ofrece como regalo a los muertos y está conectada con Tánatos, el dios griego de la muerte, representado con una corona de amapolas sobre la cabeza. Sin embargo, también está conectada con Morfeo, el dios griego de los sueños, del que proviene el nombre «morfina», sustancia extraída de las amapolas. Gracias al estado de euforia que genera y las visiones que produce, se cree que es una de las plantas que usaban las brujas para volar y participar en los aquelarres.

Podemos ofrecérselas a los ancestros para honrarlos, así como preparar amuletos con las semillas y los pétalos secos o quemarlos con carbón para inspirar sueños y visiones. Se puede usar en el arte de la adivinación. Un remedio casero contra el insomnio consiste en fijar la mirada en el centro de una amapola.

LA MAGIA DE LA FLOR

Al mostrarnos la fina línea entre dormir y morir, entre los sueños y el olvido, la amapola nos pide que disfrutemos del presente.

Bobinsana

CALLIANDRA ANGUSTIFOLIA

Las espléndidas flores empenachadas de la bobinsana (blancas, rosas y rojas) recuerdan a corazones chisporroteantes. Surgen de un arbusto que florece en la jungla, cerca de los riachuelos.

Esta flor crece en la cuenca del Amazonas y pocas veces se encuentra fuera de los bosques. Gracias a su capacidad de fomentar una conexión con la naturaleza, se considera una planta maestra. A diferencia de otras plantas chamánicas, no posee propiedades psicoactivas.

También se la conoce como «la sirenita» porque, ligada de manera intrínseca al agua, sus raíces se alargan hasta siete veces más que su tallo, hundiéndose en la orilla del río de una manera que recuerda a la cola de las sirenas. El color de las flores evoca a los delfines rosados del río Amazonas, criaturas rodeadas de leyendas por sus capacidades transformadoras y místicas.

La bobinsana es un componente clave en la dieta, una tradición ancestral que supone una profunda comunión con el espíritu de la naturaleza. Esta práctica incluye un baño ritualista, actividades ceremoniales y el consumo de plantas específicas. Todo el proceso se lleva a cabo en soledad, acompañado de una dieta muy restrictiva. Se dice que, tras una larga dieta, una sirena aparece en un sueño y ofrece como regalo la sensación de amor eterno.

Más allá de esta práctica, podemos tomar un té herbáceo de bobinsana para fomentar los sueños lúcidos y abrir el corazón, se supera la tristeza y el dolor.

• LA MAGIA DE LA FLOR •

Además de sanadora emocional y vehículo de expansión, la bobinsana es una sirena que despierta la canción de nuestra alma.

Jazmín

JASMINUM

Con su dulce aroma embriagador y sus radiantes flores blancas, el jazmín perfuma el aire nocturno, lo que le ha valido el acertado apodo de «dama de noche».

Autóctono de China, América del Norte, India y otras áreas de la cuenca mediterránea, el jazmín expresa su naturaleza mística y misteriosa desde su nombre, de origen persa, que significa «regalo de Dios».

Es una flor muy utilizada en templos y monasterios de tradición budista, sobre todo por su capacidad de potenciar el despertar espiritual y aportar equilibrio a la mente, el cuerpo y el espíritu. En aromaterapia, se la conoce por aliviar los síntomas del estrés, la ansiedad, el pesimismo y la depresión mientras potencia un sueño reparador.

Al quemarse como incienso, gracias a su aroma hipnótico, el jazmín se expande y favorece la meditación, además de liberar las emociones traumáticas que han cristalizado en el cuerpo. En infusión, purifica y amplía nuestra perspectiva, perfeccionando la intuición e intensificando la conexión espiritual.

En las noches en las que la Luna llena ilumina el cielo, podemos acercarnos al jazmín y pedirle los deseos de nuestro corazón tras colocar una moneda a su lado como ofrenda. De esta manera, nuestros sueños se harán realidad con la misma rapidez y abundancia que sus aromáticas flores. Al plantarlo cerca de la casa, atrae alegría, riqueza y prosperidad.

• LA MAGIA DE LA FLOR •

Con su aroma cautivador y enigmático, el jazmín infunde una sensación de calma y *mindfulness*, lo que nos lleva a un estado de armonía donde todo se puede conseguir con facilidad, guiados por una percepción lúcida y firme de los deseos.

Saúco negro

SAMBUCUS NIGRA

Las flores del saúco, que parecen nubes ligeras y esponjosas, con su aroma y sabor floral y afrutado, nos hacen pensar en el mundo de las hadas. Tan pronto como nos acercamos, aportan magia a nuestra vida.

El saúco negro es una planta antigua, presente desde la Edad de Piedra. El nombre deriva del griego *sambýke*, un instrumento musical de cuerda. Desde entonces, el saúco se ha relacionado con la música. Se usaba para elaborar flautas, aunque la más conocida es la flauta mágica que protagoniza la composición epónima de Mozart, famosa por sus propiedades contra los hechizos.

Suele considerarse una planta protectora, contra las energías negativas y la magia negra. Se ha utilizado en la adivinación y en la elaboración de amuletos. Cuando se planta en el exterior del hogar o de los establos, sirve de guardiana.

Todas las partes del saúco se utilizan con fines medicinales, culinarios y mágicos. Por lo tanto, es un recurso valioso, aunque la tradición dicte que deberíamos rendir homenaje a su espíritu guardián antes de recolectar cualquiera de sus partes. Esto incluye arrodillarnos ante la planta para honrarla y expresar gratitud a la dríada conocida como Hylde Moer o «Madre Anciana». Se dice que, al quedarnos dormidos bajo la planta en flor, soñaremos con el mundo de las hadas.

Muy querido en las tradiciones paganas por sus propiedades medicinales, protectoras y auspiciadoras, asume un papel más ambiguo en la tradición cristiana al ser el árbol del que se colgó Judas.

• LA MAGIA DE LA FLOR •

El saúco es el guardián de las puertas: nos enseña a aceptar los opuestos y convertirnos en nosotros mismos, los primeros instrumentos de la unión.

Madreselva

LONICERA

La madreselva, un himno a la vida, la alegría y la serenidad, llena el aire nocturno con su aroma embriagador mientras su néctar azucarado atrae a las mariposas y las abejas.

Autóctona de Asia, América del Norte y Europa, la madreselva es una enérgica planta trepadora que puede alcanzar una altura de nueve metros, con lo que representa las cualidades de generosidad y crecimiento.

Desde tiempos antiguos, la madreselva se ha utilizado para aportar alegría y prosperidad económica y para mantener alejadas a las malas influencias. Los pueblos indígenas del noreste de Argentina tradicionalmente consumían sus flores en otoño y primavera para fortalecer su sistema inmunitario ante los cambios de estaciones. Las dulces flores son comestibles y aportan felicidad tanto a humanos como a hadas, un claro contraste con sus frutos y hojas, que contienen saponinas y son venenosos.

La madreselva crece y prospera en espacios liminales como vallas o áreas en semipenumbra. Sirve de faro botánico para los estados alterados de conciencia, como la meditación o las fases hipnagógicas e hipnopómpicas. Al masajearnos la frente con flores frescas, aliviaremos la mente y permaneceremos en esos estados con mayor facilidad mientras fomentamos los sueños proféticos y las visiones psíquicas.

• LA MAGIA DE LA FLOR •

La madreselva es una cuerda de la que colgamos, lanzada por el Gran Misterio para apoyarnos en momentos desafiantes y ayudarnos a redescubrir la dulzura del presente. Permite viajar más allá de los límites y aceptar nuevas posibilidades.

Glicina

WISTERIA

Todo se convierte en un sueño cuando la luz del Sol se filtra a través de los cúmulos de flores de la glicina, cuyo color oscila del azul claro al violeta.

Autóctona de China y Japón, la glicina es una planta que puede vivir durante mucho tiempo y alcanzar los quince metros de altura, aferrándose a cualquier saliente hasta el punto de que puede volverse invasiva. Un dulce aroma acompaña a su vistosa flor, que aparece entre mayo y junio, entre las hojas.

Se cree que los emperadores japoneses se llevaban consigo bonsáis cuando debían viajar a tierras lejanas y ofrecían los árboles en miniatura como señal de buena voluntad y amistad. En el budismo Jōdo Shinshū, la glicina es un símbolo de luminosidad, pero también de la transformación continua de la vida, por lo que sirve de invitación para disfrutar de la belleza del presente.

Las semillas y los tallos son tóxicos. No obstante, las flores son comestibles y se pueden utilizar para elaborar buñuelos o infusionarlas en el té. Ayuda a ampliar nuestra perspectiva de una situación concreta, a ver los conflictos como oportunidades de desarrollo personal, a recuperar la claridad en épocas complicadas y a apreciar el valor de nuestros empeños. Su aroma favorece la meditación, canalizando y superando el miedo a la intimidad.

La glicina es un aliado de nuestro desarrollo psíquico en el camino a la sabiduría.

• LA MAGIA DE LA FLOR •

El crecimiento espiral de la glicina nos recuerda que el camino evolutivo actúa de la misma manera, con un curso cíclico de muerte y renacimiento salpicado de momentos explosivos de fragante florecimiento.

Iris

IRIS

Con sus flores de pétalos delgados y curvos estructurados como una estrella tridimensional, el iris parece una criatura mágica o un personaje del mundo de los sueños.

Hay unas trescientas especies del género *Iris* que, como sugiere su nombre, se expresan con todos los colores del arcoíris. Sin embargo, los iris más icónicos son sin duda los que florecen con los tonos clásicos del azul, el morado y el blanco. Su nombre procede del de la diosa griega Iris, personificación del arcoíris, mensajera de los dioses y símbolo de la conexión entre el cielo y la tierra. Según algunos mitos, fue ella la que ideó el alfabeto griego y redactó los primeros mensajes escritos, con lo que permitió la comunicación entre seres de distintos ámbitos. La flor que lleva su nombre representa su energía de comunicación y conexión con lo divino, lo místico y el mundo de los sueños.

En todas sus formas y colores, su delicadeza y fugacidad, el iris se muestra como si procediera de un sueño, encarnando la esencia de la imaginación y la transformación. Podemos recurrir a él cuando queramos comunicarnos con los ámbitos espirituales y fomentar nuestra intuición y habilidades psíquicas. Es una flor que limpia el espacio de energías densas, lo que nos ayuda a deshacernos de bloqueos emocionales y a promover la paz interior.

Los iris se pueden regalar, quemarse como incienso tras secarlos, contemplarlos o colocarlos en un espacio para que se beneficie de su vibración.

• LA MAGIA DE LA FLOR •

El iris es un puente mágico, elaborado con esperanza, fe y energía interna. Nos conecta con nuestros sueños y nos capacita para perseguirlos y comunicarnos.

Ramos
DEL JARDÍN DEL ALMA

Entrelazar madreselva y saúco nos da fuerza a la hora de cruzar lugares de paso y de confiar en el misterio de la vida.

Combinamos jazmín, bobinsana y amapola para estar presentes y gozar de claridad en las visiones.

La glicina y la flor de la pasión tienen un efecto poderoso al guiarnos hacia un estado de trascendencia mientras una agradable variedad de flores azules (como la gloria de la mañana, los iris y los lotos azules) nos sirve como guía a través del ámbito de los sueños.

Jardín del corazón

En el jardín del corazón, la tonalidad de los colores es infinita, igual que las formas del amor y las posibilidades de nuestro corazón de expandirse para integrarlas todas. La magia de las flores en este jardín usa el lenguaje de las emociones, las relaciones y el amor propio para abrir una vía en el corazón y guiarnos hacia la aceptación, la inclusión y la comprensión. Las flores aceptan la vida, extraen el sustento del aire, el agua, la tierra y el Sol. A cambio, se ofrecen con una generosidad sin límites ni reservas. De este modo, incluso la flor más pequeña puede ser una gran maestra.

Rosa

ROSA SPP.

Entre los suaves pétalos y la corola floreciente que se abre en un gesto de ofrecimiento, se encuentran las espinas, afiladas púas que sirven como recordatorio de la necesidad de conservar la integridad de los límites personales y atemperar la generosidad con el buen juicio.

Sagrada para Afrodita, diosa griega de la belleza y el amor, la rosa siempre se ha relacionado con lo que significa el amor: incondicional y ardiente, sagrado y devoto. Es el símbolo de la unión y la pasión. Al mismo tiempo, al atarse a todas sus manifestaciones, desde la Magna Mater a la Virgen, representa una de las encarnaciones más poderosas del espíritu maternal, del que se extraen lecciones y propiedades protectoras y de curación. Nos enseña a honrar la sensualidad como algo intrínsecamente sagrado, como una expresión inocente y natural de la vida. Como emblema de las cualidades venusianas y las energías creativas, nos invita a ver la belleza y disfrutar de todo.

Cada color encierra una tonalidad distinta de significado: mientras que la rosa rosa nos habla de sinceridad, dulzura y compasión, la magenta está más conectada a la sexualidad, la naranja a confiar en la vida y la amarilla a la fuerza y el poder de uno mismo. La blanca ayuda a ver los obstáculos y las sombras que nos separan del amor, igual que la roja es emblema de una pasión visceral.

• LA MAGIA DE LA FLOR •

La rosa es una flor que abre el portal del corazón. Lo libera y lo limpia de los remanentes del pasado, sana heridas, recupera el yo equilibrado y nutre nuestro amor propio para que nos resulte posible abrirnos a una vida llena de la energía del amor puro.

Peonía

PAEONIA

La peonía florece una vez al año y durante cortos períodos de tiempo, pero puede hacerlo durante cien años seguidos. Su abundante y generosa belleza nutre el corazón sin frenos. Nos enseña a confiar en la hermosura y la dulzura de la espera.

Esta flor, rica y completa, es la encarnación de Peán, médico de los dioses griegos, quien curó a Hades con las raíces de esta planta, la única que se cultivaba en el monte Olimpo. Ampliamente utilizada en cosmética, en fitoterapia y en la medicina china, la peonía tiene una conexión especial con la Luna y ayuda a equilibrar sus influencias. Aporta equilibrio entre las energías yin y yang, entre las polaridades masculina y femenina y, por lo tanto, es un buen augurio en matrimonios y uniones.

También conocida como la rosa de los montes, se diferencia de la rosa por la ausencia de espinas. Su medicina, dulce y nutritiva, alivia el dolor y recupera la confianza, recordándonos que la belleza salvará el mundo. Su esencia vibra con la frecuencia del corazón y su tintura madre se usa como remedio para los problemas cardíacos.

Considerada un talismán de la buena suerte, se introduce en bolsitas y amuletos protectores que se colocan bajo la almohada para ahuyentar las pesadillas. Con los pétalos secos, se pueden preparar inciensos con los que invocar energías sanadoras.

• LA MAGIA DE LA FLOR •

Sanar con dulzura, sanar con amor, evolucionar con alegría y confianza. Vuelve año tras año, ahora y siempre, para abrirnos las puertas de la belleza e invitarla a entrar porque el mundo la necesita, igual que el corazón necesita amor.

Hibisco

HIBISCUS SABDARIFFA

Sus colores dinámicos, la delicadeza de sus pétalos y la belleza armoniosa que emana de ella nutren la mirada y el corazón. El hibisco es una flor que se ofrece a sí misma, invitándonos a absorber el néctar de la vida como colibríes.

Perteneciente a la familia de las *Malvaceae* y presente en climas tropicales, subtropicales y cálidos de todo el mundo, el hibisco abarca cientos de especies distintas. Además de ser un símbolo de belleza, feminidad y elegancia en muchas tradiciones y culturas, se asocia con el chakra del corazón y, por lo tanto, con la compasión, la empatía y el amor incondicional.

Se usa en las bodas y en ceremonias relacionadas con el embarazo y el parto dada su conexión con la fertilidad, la vitalidad y la buena salud. Por otra parte, encierra la feminidad sagrada a través de sus atributos de nutrición, sabiduría intuitiva y sensibilidad emocional.

Tiene propiedades afrodisíacas, de ahí que se use también en hechizos de amor. Sus colores brillantes iluminan cada rincón de magia, revitalizándolo y consagrándolo. Quemar flores secas como incienso aumenta la pasión en la habitación. Debido a su conexión con el elemento agua, es perfecto para los baños y como infusión, ya que puede vigorizar cada estancia en la que se rocíe. El kardaké, bebida elaborada al infusionar su cáliz carnoso, es rico en vitamina C y antioxidantes, una medicina valiosa, capaz de aportar alegría y vitalidad.

• LA MAGIA DE LA FLOR •

El hibisco sabe cómo reconectarnos con la espontaneidad, la tranquilidad y la felicidad de sincerarse y florecer. Nos invita a bailar por la vida con ligereza y elegancia, a vibrar y ofrecer todos nuestros colores.

Lirio

LILIUM

Una flor que evoca la pureza, la inocencia y la humildad. Blanca como la nieve, con su aroma permanente y dulce, el lirio nos habla de inmortalidad, esperanza e integridad.

Desde el antiguo Egipto a la cultura minoica, desde Asiria a Jerusalén, esta flor se lleva cultivando más de 4000 años. Ha sido una parte imprescindible de la historia humana. Ha servido de inspiración para muchos artistas que la han representado una y otra vez, conmemorándola como un potente símbolo. En la mitología griega, se cree que Hera amamantó a Heracles y le transmitió la inmortalidad. Sin embargo, algunas gotas de su leche cayeron a la tierra, lo que dio lugar al lirio mientras que otras cruzaron el cielo y crearon la Vía Láctea.

Consagrado a la Virgen María y asociado a muchas figuras religiosas como emblema de santidad, el lirio también se considera una flor funeraria, ya que invita a los fallecidos a presentarse con pureza ante lo divino.

Se le atribuyen propiedades mágicas de protección contra heridas, hechizos y pesadillas. Utilizado en pociones de amor, sobre todo para inspirar devoción, y en rituales de belleza, es una flor conectada a Venus, a la Pascua o al equinoccio de verano, una época en la que las energías cíclicas expresan regeneración, resurrección e inocencia.

LA MAGIA DE LA FLOR

Su magia evoca la fuerza del renacimiento. Nos reconecta con la pureza innata de nuestros corazones, con la inocencia siempre renovable de nuestro interior. Desprende una belleza áurea que despierta en nosotros cada vez que el alma necesita restaurarse y prepararse para florecer de nuevo.

Agapanto

AGAPANTHUS AFRICANUS

El color de esta flor ha inspirado a innumerables artistas en sus «períodos azules». Dadas sus cualidades de ensueño, el azul del agapanto nos habla de su conexión con el cielo y el aire, además de despertar el misticismo y la magia en aquellos que se permiten recibir su valiosa esencia.

También conocido como «lirio del Nilo», el agapanto es una planta autóctona de Sudáfrica. Sin embargo, aunque su nombre data de la época victoriana, procede del griego y significa literalmente «flor de amor», lo que se refleja de forma evidente en el vínculo entre esta flor y la forma más pura de amor: incondicional, infinito y sin porqués.

Agape hace referencia a las dimensiones del parto y la maternidad. En Sudáfrica, se suele emplear en la elaboración de amuletos para mujeres embarazadas, diseñados para salvaguardar el bienestar de sus futuros hijos. Aunque se usa en la medicina tradicional de la etnia xhosa, se utiliza sobre todo por su capacidad de limpiar los canales con el mundo invisible y facilitar las comunicaciones oníricas con los ancestros. Por esta razón, colocar las raíces o una hoja bajo la almohada puede ayudarnos a tener sueños vívidos y significativos.

En todas sus formas y colores, el agapanto nos habla de un amor que va más allá del romántico, de las generaciones y del velo de lo invisible. Nos recuerda que no estamos solos, sino que nos protegen transcendiendo el tiempo y el espacio.

• LA MAGIA DE LA FLOR •

El agapanto es un barquero. Nos permite abrir nuestros corazones en su totalidad, revelar el tapiz enriquecedor del amor que sustenta todo aquello a lo que nos conectamos. Su vibración azul nos inspira a trascender los límites.

Amarilis

AMARYLLIS PARADISICOLA

La amarilis, una flor de invierno, tan roja como un corazón palpitante aovillado en la nieve, parece un faro radiante penetrando en la oscuridad. Sirve de recordatorio mordaz de que la vida avanza incluso en los momentos más nefastos, los corazones pueden abrirse y la luz siempre encuentra el modo de iluminar de nuevo el camino.

Su nombre, que significa «esplendor y brillo», procede de una joven ninfa, Amaryllis, quien se enamoró de Alteo, un pastor amante de las plantas y las flores que le daría su corazón sólo a quien le entregara una flor que no hubiera visto nunca. Guiada por los consejos del oráculo de Delfos, Amaryllis se clavó una flecha dorada en el corazón durante treinta noches consecutivas. En la última, apareció ante Alteo y de su corazón herido surgió una maravillosa flor de un brillante color rojo.

En Sudáfrica, se cree que estas flores dan buena suerte y prosperidad a la familia. Plantar una flor de amarilis en el jardín aporta riqueza y felicidad. En algunas culturas, se asocia con la feminidad y la maternidad, gracias a su poder para fomentar la fertilidad y potenciar un embarazo saludable. En la antigüedad, las mujeres la llevaban como talismán para protegerse durante el parto.

• LA MAGIA DE LA FLOR •

Determinación, dedicación y voluntad propia florecen de los pétalos de la amarilis, que aportan vitalidad a la sangre y a los impulsos profundos del corazón. Activa en nuestro interior un crecimiento espiritual, además de invitarnos a cultivar cualidades sentimentales y el yo interior. El corazón, aunque herido, nunca ha estado tan vivo.

Hortensia

HYDRANGEA MACROPHYLLA

Su conexión con el agua es profunda y antigua, igual que su sabiduría. A través de su color, la hortensia revela las características del pH del suelo, haciendo que el misterio se vuelva obvio y lo invisible, visible.

En América del Norte, las pruebas fósiles revelan que las *Hydrangeas* florecieron en la tierra hace 70 millones de años. En Asia, los fósiles más antiguos datan de hace 25 millones de años. Sin embargo, en Europa, su proliferación tuvo lugar a lo largo del siglo XVIII, cuando se popularizó como planta ornamental. El nombre genérico *Hydrangea* procede del griego y significa «vasija de agua». Su conexión con el agua influye tanto en las masas de tierra como en nuestro propio cuerpo: los indios cherokee la usaban como remedio para las piedras del riñón.

La hortensia, perfecta para acompañar a personas empáticas y sensibles, es la maestra de la comprensión, el perdón y la sinceridad de sentimientos.

Su medicina tiene que ver con saber cómo dar y recibir manteniendo el equilibrio, convirtiendo el corazón en un lugar de intercambio equitativo, mostrándonos una protección fluida y permeable. En la magia popular, se usa como defensa contra las energías negativas. Cuando se planta en un jardín, protege el hogar, ayuda a establecer límites sanos en las relaciones y, por sus propiedades etéreas, favorece el contacto con las hadas y otros seres mágicos.

• LA MAGIA DE LA FLOR •

Cuando las experiencias y los patrones del cinismo y la amargura nos vuelven duros e inflexibles, cuando el cuerpo se tensa y cristaliza emociones, la hortensia nos ayuda a volver a fluir, a relajarnos, a ceder de nuevo ante la corriente.

Crisantemo

CHRYSANTHEMUM

El crisantemo es una flor valiosa que evoca la imagen del Sol. Podemos traducir su nombre, de origen griego, como «florecimiento dorado». Dejemos que sus radiantes rayos calienten nuestros corazones.

Autóctono de Asia Oriental, crece de manera abundante por Europa, Asia y África. Su significado y uso cambian de un lugar a otro.

El crisantemo, símbolo de belleza y lealtad, es la flor nacional de Japón, utilizada en su gastronomía e infusiones, como té curativo, por sus propiedades antisépticas. En Australia, la flor es un regalo tradicional el Día de la Madre. Por otro lado, en Italia, se asocia al Día de los Muertos. En otras partes, se presenta como amuleto de buena suerte al principio de una nueva relación. Elijámoslo para marcar hitos de la vida, fortalecer conexiones y conmemorar ocasiones significativas.

En las leyendas celtas, se cree que las hadas prefieren los crisantemos de los jardines como lugar de reunión. Según algunas tradiciones, estas flores sirven para hacer guirnaldas con el fin de buscar el perdón de los dioses.

Podemos usarlo para aplacar o proteger un entorno y relación o beberlo en forma de té cuando queramos evocar las cualidades solares en nuestro corazón. Igual que el crisantemo abraza la abundancia de sus pétalos, este acto nos permite aceptar con calidez todos los aspectos de nuestro ser y de los demás.

• LA MAGIA DE LA FLOR •

La esencia del crisantemo irradia amor, despierta en nuestro interior un profundo sentimiento duradero y nutre los vínculos irrompibles. Su magia conecta con la vida y la muerte; habla a nuestro corazón para que acepte y honre a ambas.

Geranio

PELARGONIUM

Con un aroma fresco y floral, vistosos colores y un encanto natural, el geranio es el adorno perfecto de balcones y jardines. Se cree que estas cualidades contribuyen a que sea una de las flores más populares. Sin embargo, quizás sea su esencia, conectada a la sanación del corazón, la que lo vuelve tan popular.

El geranio, un humilde maestro, nos enseña a querernos, a darnos primero el amor que buscamos fuera, a liberarnos de juicios, vergüenza y culpa. Nos invita a abrirnos a la vida y a resurgir a través del perdón, sobre todo hacia nosotros mismos. Es una flor que nutre el corazón, lo vuelve acogedor y lo protege de su coraza debido a sufrimientos pasados. De la misma manera, al colocarlo en la entrada de casas y jardines, protege de presencias desagradables mientras las nuevas amistades se sienten bienvenidas y bien recibidas.

Aunque se introdujo en Europa a finales del siglo XVIII, el geranio es originario de Sudáfrica y ya se utilizaba ampliamente en el Egipto antiguo por sus valiosas propiedades de sanación, en especial para la piel. Incluso hoy en día, se usa en hechizos de amor y parece que sus pétalos, al quemarse como incienso, fomentan la fertilidad e invitan a la nueva alma a encarnarse en nuestra vida. Los pétalos también se usan en la elaboración de amuletos con la intención de ampliar el círculo de amistades y la vida social..

LA MAGIA DE LA FLOR

El geranio es la medicina de los corazones rotos. Su magia nos guía a través del sufrimiento del amor para descubrir que, cuando el corazón se rompe, se hace más grande, supera las barreras y aumenta nuestra capacidad de amar.

Tulipán

TULIPA SYLVESTRIS

Con su variedad de tonos, el tulipán presenta una característica forma de taza, lo que nos anima a pensar en nuestros corazones como un receptáculo siempre abierto que podemos llenar.

Autóctono de Turquía, el tulipán encierra la leyenda del amor fallido entre el escultor Farhad y la princesa Shirin, cuyo padre, para separarlos, le hizo creer al enamorado que su hija había muerto. Roto de dolor, Farhad se quitó la vida. Shirin lo siguió cuando vio el cuerpo sin vida de su amante. Los tulipanes nacieron de la sangre de los dos amantes y simbolizan la pasión que supera a la muerte. Los sultanes solían colgar estas flores de los turbantes como amuletos protectores, de ahí que el nombre científico, *Tulipa*, signifique literalmente «turbante». Popular en todo el mundo desde el siglo XVIII, es la flor nacional de los Países Bajos. Todos los años, cuando marzo da paso a abril y nuestros jardines rebosan vida, el tulipán suele ser uno de los primeros en alegrarnos con sus vivos colores, reavivando nuestra esperanza y amor. Se puede regalar un tulipán como promesa de amor o colocarse en el altar de una casa, el espacio doméstico dedicado a lo sagrado, para respaldar el magnetismo propio y atraer una relación sana y feliz.

• LA MAGIA DE LA FLOR •

La flor del tulipán nos anima a tener relaciones equilibradas, donde hay armonía entre dar y recibir. Nos ayuda a redescubrir la conciencia del flujo constante del amor en el que estamos inmersos, permitiéndonos desprendernos del miedo y aceptando recibir lo que deseamos.

Ramos
DEL JARDÍN DEL CORAZÓN

Combinar una rosa, una hortensia y un agapanto nos abrirá el corazón y expandirá nuestros límites.

Si el corazón necesita sanar, elegiremos una amarilis, un geranio y una peonía.

Para aportar equilibrio a las relaciones y la capacidad de dar y recibir, optaremos por tulipanes e hibiscos.

Cuando sentimos un amor duradero que va más allá de la vida, mezclamos lirios y crisantemos.

Jardín del Sol

El Sol es nuestro fuego central, nuestra estrella. En torno a él, nuestra vida se orienta y prospera; todo se nutre. En este jardín, hay flores que celebran la vida, la luminosidad y el sustento. El reino vegetal se nutre de la luz y la transforma en alimento de otros seres. El Sol desprende su calidez sobre nosotros, al mismo tiempo que las flores nos ofrecen con elegancia su belleza, aroma y cualidades que encienden en nuestro interior la magia y la capacidad de hacer lo mismo: darnos y brillar sin pudor.

Helicriso

HELICHRYSUM ITALICUM

El helicriso, con su flor duradera, representa el amor eterno, la fortaleza interna y la confianza en uno mismo. Transmite un mensaje de resistencia y perseverancia ante los desafíos y obstáculos enigmáticos de la vida.

Por sus brillantes cabezas florales de color dorado y el inconfundible aroma, el helicriso, capaz de activar el Sol interior y las cualidades doradas de nuestra alma, puede considerarse la flor del *kintsugi*, el arte japonés de reparar objetos rotos con oro, transformando las grietas en lugares de gran belleza. Igual que un Sol eterno, esta resistente flor irradia calidez y desprende luz sobre nuestras cicatrices, animándonos a identificarlas y retocarlas con oro. Al hacerlo, quizás reparemos y transformemos nuestro infierno emocional y volátil en una fuente de nutrición e iluminación progresiva.

Presente en Europa y el Mediterráneo, las propiedades mágicas de esta flor se conocen desde la antigüedad. Se usaba para adornar las estatuas de los dioses, purificar las habitaciones de los enfermos, ahuyentar el mal de ojo y perfilar la intuición y la predicción en rituales. También es una flor importante en la popular tradición mágica sarda, donde se creía que un ramo que se dejara secar durante un año y ardiera en la hoguera de San Juan llevaría a conocer el amor y fomentaría una unión fructífera y duradera.

• LA MAGIA DE LA FLOR •

El helicriso cura las heridas, repara los tejidos, desencadena el perdón e ilumina lo que siempre vive en nuestro interior, incluso en un momento de cambio o dificultad, incluidas pérdidas inolvidables que marcan nuestra existencia. Es una medicina para las heridas que no sanan y activa la reconciliación y la elegancia.

Girasol

HELIANTHUS ANNUUS

El girasol es la flor del verano, ya que, al estar enamorado del Sol, se parece a él y se orienta para seguir su camino por el cielo del amanecer al anochecer. Evoca calidez, alegría y positividad.

Autóctono de América Central y del Sur, los primeros restos del girasol, encontrados en México datan de hace 4600 años. En el siglo XVI, los españoles lo trajeron a Europa y se extendió por todo el mundo.

Para los aztecas y los incas, era el símbolo de las deidades solares. Los americanos nativos reconocieron sus propiedades curativas y nutritivas y también lo usaron para teñir sus telas con tonos anaranjados y amarillos. En muchas tradiciones populares, está conectado a los buenos augurios, la suerte y los dones. Se relaciona con la época de labranza y el festival Litha, que se lleva a cabo durante el solsticio de verano.

Mezclar sus pétalos con agua en una bañera, llevarlo en una corona o como collar de flores o beberlo en una infusión son prácticas que fomentan la fertilidad y nos aportan vitalidad, alegría de vivir y abundancia. Como flor cuya vida depende de los rayos solares, su hechizo se entrelaza con las nociones de verdad, lealtad y honestidad. Nos enseña a hacer cosas bajo la luz del Sol, a evitar escondernos, a mostrarnos como somos.

• LA MAGIA DE LA FLOR •

Como el Sol, el girasol nos guía a través del crecimiento personal al conectarnos con el ámbito espiritual. Nos ayuda en el camino del desarrollo espiritual y activa en nuestro interior un Sol que nos guía e ilumina la conciencia.

Azahar

CITRUS AURANTIUM

Con un aroma fresco que promete frutos dulces y jugosos, el azahar evoca la primavera y proclama la calidez y el triunfo del Sol.

La palabra *azahar* es de origen árabe. Significa «flor (blanca)» y se usaba para describir a la flor del naranjo, sobre todo el de Sevilla. Es la flor de los países mediterráneos, característica del sur de Italia, en especial de Sicilia.

Perfuma las noches primaverales, en las que sugiere dulzura y pura alegría. El agua extraída de las flores del naranjo tiene múltiples usos tanto en Oriente Medio como en la repostería italiana. Desprende una característica esencia floral que encierra a la perfección el espíritu dinámico de la primavera y la vitalidad del despertar de la naturaleza. Tiene un efecto calmante y tranquilizador sobre la piel, así como muchos otros beneficios fitoterapéuticos.

Los usos mágicos del azahar se conectan con la energía solar, de la que emanan directamente. Elegimos el azahar y la naranja para ampliar nuestra belleza interior y exterior, fortalecer el amor marital y atraer la riqueza y el éxito.

Un baño con flores del naranjo o agua aromatizada puede ser un verdadero ritual de renovación. Rociar el agua por la casa o en el entorno laboral aporta paz y prosperidad mientras que usarla como tónico para el rostro revelará nuestra belleza, la potenciará como si nos iluminara de manera constante un rayo de Sol primaveral.

• LA MAGIA DE LA FLOR •

La energía radiante del azahar puede respaldar a la perfección el crecimiento expansivo del ser, guiarnos hacia un futuro radiante amparado por los benevolentes rayos del Sol.

Magnolia

MAGNOLIA

Las enormes y preciosas flores de la magnolia, con una vida duradera, nos hablan de la belleza que se mantiene y crece con el tiempo: el atractivo de la madurez y la elegancia de la transformación.

Presente en la Tierra durante 20 millones de años, la magnolia es autóctona del continente americano, la India y Nueva Guinea. Encierra alrededor de ochenta especies, incluidos árboles y arbustos, todas fáciles de distinguir por sus profusas y llamativas flores. Los árboles pueden vivir más de un siglo y sirven de testimonio de la resistencia y la naturaleza duradera de las cosas, como las relaciones, los esfuerzos creativos o las actividades profesionales.

La leyenda dice que la primera magnolia surgió en la tumba de Confucio, el filósofo chino que promovía una ética individual y social basada en el sentido de lo correcto y lo armonioso.

Esta planta tiene flores comestibles de sabor acre, con las que podemos preparar tés, vinagres o arroz sazonado. Un ritual de baño en el que sumergirnos en sus pétalos nos ayuda a cultivar el amor por nosotros mismos y el reconocimiento. Por otra parte, los frutos cónicos pueden usarse para consagrar aguas ceremoniales o, al quemarlos, atraer prosperidad, fertilidad y resistencia en situaciones adversas. Plantar una magnolia en el jardín facilitará el crecimiento económico y la abundancia.

LA MAGIA DE LA FLOR

Como símbolo de perseverancia, esta flor nos enseña sabiduría y crecimiento espiritual y emocional. Igual que su aroma embriagador, nuestra naturaleza única persiste, aunque nuestro espíritu se transforme.

Frangipani

PLUMERIA ACUTIFOLIA

El frangipani, flor con un aroma embriagador y dulce, capaz de aliviar las heridas del cuerpo y el alma, se venera como emblema de la inmortalidad debido a la increíble capacidad de sus ramas de rejuvenecer y florecer de nuevo, incluso meses después de la poda.

Autóctono de América Central y el Caribe, en torno al siglo XVI, el frangipani se extendió, seguramente gracias a los españoles, a la mayor parte de los países tropicales y subtropicales de Asia antes de llegar a Australia, Indonesia o Hawái.

Los aztecas lo llamaban *tlâlcacalôxôchit* y lo veneraban como una planta sagrada, capaz de fortalecer el corazón y sanar heridas. En las islas hawaianas, se considera un símbolo de hermandad y hospitalidad. Sagrados para Krishna y usados a menudo en objetos ceremoniales, estos árboles se suelen encontrar alrededor de templos en la India, Bali y otras naciones tropicales.

Los chamanes utilizan las aguas florales como ofrenda a los dioses. Por su aroma, es el canal ideal para las oraciones y las expresiones de gratitud. El frangipani también tiene su lugar en ritos funerarios: no sólo bendice las almas de los fallecidos, sino que recuerda la existencia de su naturaleza inmortal a través de su ciclicidad. Ideal también para bendecir una unión sagrada e inspirar la forma suprema de amor, tiene propiedades calmantes y refuerza la autoestima, el valor y la armonía del ser al elevar el espíritu y nutrir el alma.

• LA MAGIA DE LA FLOR •

Al iluminarnos, el frangipani nos guía para perseguir la perfección espiritual, lo que no es sólo un ideal, sino una práctica constante en la existencia.

Retama de olor

SPARTIUM JUNCEUM

Dada su capacidad para prosperar en entornos hostiles, la retama de olor representa tanto modestia como humildad, así como dinamismo y magnificencia, gracias al sorprendente tono amarillo de sus flores.

Autóctona de Europa, la retama de olor prospera sobre todo en climas mediterráneos, aunque también en el oeste de Asia. Es una planta solar que florece entre la primavera y el verano, cuya belleza sencilla revela su humilde esencia, que, en la Edad Media, inspiró al rey de Francia, san Luis IX, para crear la orden del haba de retama. También fue una planta muy apreciada por griegos y romanos por su capacidad para atraer a las abejas y aumentar la producción de miel.

Según el naturalista romano Plinio el Viejo, se creía que las cenizas de la retama de olor contenían oro, seguramente por su color vivo. Además, las leyendas sugieren que las ollas de oro que protegen los leprechauns al final del arcoíris están escondidas bajo estas plantas. Por lo tanto, la retama de olor se emplea como amuleto de buena suerte, aunque también como protectora al plantarla próxima a las cercas de los animales, por ejemplo. También se usaba en la elaboración de escobas mágicas para los rituales de casamiento como símbolo de abundancia, fertilidad y buena suerte.

Excelente combustible en las hogueras, se asocia a los fuegos tradicionales de Beltane. Puede quemarse antes de la meditación o la adivinación para crear un espacio de conexión y claridad mental.

LA MAGIA DE LA FLOR

Busquemos la retama de olor cuando necesitemos extraer oro y miel, ya sea a través del fuego y un proceso alquímico o sólo conectando con la abundancia.

Clavel

DIANTHUS BARBATUS

El clavel, flor simbólica de movimientos políticos, revoluciones, luchas guiadas por ideales y la voluntad de crear un mundo mejor, evoca la virtud y la nobleza.

Autóctono de la región mediterránea, hay pruebas de que el clavel ya se usaba durante la época de los antiguos romanos, donde servía como remedio para venenos y plagas. El género botánico *Dianthus* deriva de las palabras griegas *dìos* (dios) y *ànthos* (flor), por lo que literalmente se traduce como «flor de los dioses».

En el cristianismo, simboliza a Dios o, como alternativa, a las lágrimas de pena de María ante la crucifixión de su hijo. También se encuentra como motivo floral en las mezquitas y el arte islámico.

Es una flor que representa el ardor, el fuego interno pasional y vivo que traspasa el corazón y puede expresarse con las manifestaciones más elevadas. Evoca la sanación, la protección y la alegría de vivir. Debido a su radiante dinamismo, atrae a pájaros, abejas y mariposas. Plantar claveles en el jardín es una invitación para las hadas.

Puede colocarse en bolsitas protectoras o añadirse a la comida para nutrirnos y fortalecernos.

LA MAGIA DE LA FLOR

Cuando nuestra chispa interior se atenúa o mengua, podemos volver a encenderla con el poder encantador del clavel, que nos ayuda a recuperar el vigor y el placer por la vida. Sabe cómo avivar el fuego espiritual, ayudarnos a redescubrir la pasión y conectarnos con ideales elevados.

Flor de las nieves

LEONTOPODIUM ALPINUM

La flor de las nieves es el símbolo de las montañas y del valor necesario para ascender un poco más cerca del Sol. Ver un lecho de éstas en las alturas es un espectáculo inolvidable y emocionante.

Esta frágil flor (también llamada *Edelweiß*, «blanco noble») se caracteriza por sus pétalos, cubiertos de una suave pelusa que los protege del Sol y de las duras condiciones de su hábitat. Vinculada de manera intrínseca a los Alpes, en realidad es originaria del Himalaya y Siberia, regiones desde las que podría haberse extendido durante la Edad de Hielo. Puede encontrarse en altitudes desde los 2000 a los 3000 metros. Su historia y popularidad se entrelazan con los albores del montañismo, convirtiéndola en un emblema de valentía y nobleza de espíritu.

Una leyenda dice que una pequeña estrella bajó del cielo para hacer compañía a una solitaria cima, que se lo agradeció cubriéndola de un velo de lana para protegerla del frío. Desde la antigüedad, se la conoce por sus poderes mágicos. Además de servir como antídoto de ciertos venenos, se cree que al quemarla como incienso protege al ganado de los espíritus malévolos.

Representa una invitación a alcanzar lugares a menudo inaccesibles, desafiándonos a escalar y evolucionar, teniendo como destino el Sol.

LA MAGIA DE LA FLOR

La flor de las nieves nos habla de la pureza de las altas montañas y nos infunde sus cualidades. Su esencia desprende valentía, tenacidad, resistencia y juventud eterna, enfatizadas de forma inseparable por el aliento de los pastos frescos donde crece, brillando bajo el Sol. Busquémosla cuando necesitemos sentirnos de nuevo como polvo de estrellas.

Hipérico

HYPERICUM PERFORATUM

Gracias a la pequeña corola dorada y radiante de cinco puntas, el hipérico es el símbolo del triunfo del Sol. Al bañarlo todo con su luz de manera generosa, calienta sin abrasar, a la vez que ofrece sanación y nutrición al alma.

Conocida y usada desde la antigüedad, esta flor es la quintaesencia de la energía solar. Florece alrededor del solsticio de verano para activar nuestro Sol interior, una fuente de sanación, vitalidad y riqueza.

Se dice que tiene la capacidad de ahuyentar a los malos espíritus, lo que le ha procurado el apodo *Fuga daemonum.* Hoy en día, aprovechamos sus propiedades para alejar las sombras, los miedos y los bloqueos, además de para resolver discordancias que obstaculicen nuestro camino hacia una vida auténtica y completa al darnos cuenta de nuestro potencial y talentos innatos.

Los primeros cristianos apodaron al hipérico «hierba de San Juan» por la forma de su corola, que recuerda a un halo. Además, cuando se recolecta, desprende un líquido rojo que simboliza la sangre derramada por el santo. No es coincidencia que el agua de hipérico, una tradición ancestral que sigue viva en la actualidad, incluya este ingrediente. Es conocido por ofrecer protección contra hechizos y enfermedades. El hipérico también está relacionado con los aquelarres y los ritos veraniegos, al ser una de las plantas mágicas de las brujas.

Considerado un portador de luz, tiene un efecto antidepresivo que puede ayudarnos en los momentos de oscuridad y dificultades.

• LA MAGIA DE LA FLOR •

Nos protege al activar la fuerza del Sol que vive en nosotros. Su magia tiene que ver con el resplandor: cuando brillamos con luz propia, nada puede apagarnos.

Aciano

CENTAUREA CYANUS

El azul brillante y cristalino que destaca en los campos dorados de trigo, junto al rojo de las amapolas, se ha convertido en una imagen poco común. Y justo de visiones, de miradas y de luz habla esta flor.

El origen del aciano se remonta a la antigüedad: hace unos 12 000 años, floreció en las islas británicas. Incluso se descubrió en la tumba de Tutankamón en Tebas, donde conservó su tono característico. Sin embargo, el uso de pesticidas ha hecho que este espíritu puro se desvanezca y sea difícil de encontrar, como si quisiera preservar su pureza. Nos enseña que, si el entorno ya no es adecuado para florecer, siempre podemos marcharnos de él.

Su nombre tiene una etimología dual: *cyanus* procede de un joven al que la diosa Flora amó y a quien encontraron muerto en un campo de flores que recibieron su nombre. Por otro lado, el género *Centaurea* nos lleva al centauro Quirón, quien, al sufrir una herida en el pie a causa de una flecha envenenada, se curó con la savia de esta flor.

Tradicionalmente se ha usado para pintar y teñir telas, pero también es un colirio conocido, ya que purifica la visión, nos permite percibir el mundo de nuevo y apreciar la belleza de todas las cosas, así como la virtud de la sencillez. Al quemarse como incienso o mezclarse con agua en la bañera, aleja a las energías negativas, a la vez que atrae relaciones positivas y suerte.

• LA MAGIA DE LA FLOR •

El aciano es un vehículo de luz que aporta claridad a nuestra visión. Al ser poblador de lugares paradisíacos, sabe guiarnos hacia una luz y dirección cruciales.

Ramos
DEL JARDÍN DEL SOL

Para activar el fuego interno, podemos combinar helicrisos, claveles y retamas de olor.

El aciano y la flor de las nieves portan claridad y pureza a nuestra visión de todas las cosas.

Un ramo de frangipani y azahar ofrece el don del crecimiento personal y la plenitud espiritual, al mismo tiempo que el girasol, la magnolia y la hierba de San Juan ayudan a invocar una luz interna que nos guía hacia el desarrollo espiritual.

Jardín del niño interior

En un jardín al amanecer, cubierto de fresco rocío, un niño da sus vacilantes primeros pasos, lleno de vida, entusiasmo y satisfacción.

Aquí crecen las flores que hablan al corazón y saben cómo sanar sus heridas, redescubrir una conexión perdida, restablecer la confianza en la vida y bendecir los nuevos comienzos.

Manzanilla dulce

MATRICARIA CHAMOMILLA

Con un aroma y fragancia que nos han acompañado desde la niñez, la manzanilla es seguramente una de las flores más usadas para infusiones gracias a su capacidad de curarnos y cuidarnos con su dulzura.

Fueron los antiguos egipcios quienes descubrieron la manzanilla y la consagraron al dios del Sol, Ra. Esta pequeña planta humilde, con su aroma penetrante, similar a la manzana, tiene una larga historia, entretejida con leyendas y tradiciones paganas. Su nombre, *chamomilla*, significa «manzana de duendes». En la antigüedad, las personas se bañaban y se sumergían en su infusión para atraer la suerte y el amor. Incluso hoy en día, se explotan sus habilidades curativas y su capacidad de repeler insectos.

Su género botánico, *Matricaria*, hace referencia al concepto de protección y cuidado que caracteriza esta flor. Su aroma nos devuelve a la infancia, además de estimular la sanación espiritual del pasado. Es un símbolo de pureza y suerte.

Bebida o colocada bajo la almohada, fomenta el descanso reparador y los sueños lúcidos que nos permiten acceder a recuerdos ocultos. Su infusión o el humo al quemarla estimulan la creatividad y la inspiración.

• LA MAGIA DE LA FLOR •

La manzanilla es una madre, una guardiana. Búscala cuando desees recuperar la energía y la inocencia de la infancia. A través de ella, podemos sentirnos cuidados, bienvenidos y apoyados. Su esencia traviesa y cariñosa nos hace sentir bien.

Caléndula

CALENDULA ARVENSIS

La dinámica presencia de la caléndula, un pequeño Sol naranja con aroma balsámico, aporta alegría, vitalidad y energía, pero también nutrición y protección.

Guardiana de la inocencia y la pureza de la infancia, es una de las plantas sagradas del Beltane, festival druida relacionado con el ciclo de las estaciones y época en la que las energías de la luz y la vida se manifiestan con júbilo.

En la Edad Media, se le llamaba *Solis sponsa* o «esposa del Sol», un nombre perfecto dado su baile diurno con dicha estrella, puesto que se abre al amanecer y se cierra al anochecer. También mantiene una profunda afinidad con la Luna, como demuestran sus semillas, con forma de cuarto creciente, y su florecimiento mensual, que recuerda a la cadencia del ciclo menstrual.

Es una flor de protección, aliada de la piel al proporcionarle nutrición y defensa contra la irritación y la inflamación. Hay muchos rituales en los que juega un papel primordial. Se pueden colgar sus guirnaldas en la entrada para alejar las energías negativas, extenderse bajo la cama para ofrecer protección durante el sueño, utilizar sus flores como remedio para mejorar la visión o llevarse en una bolsita como amuleto de la suerte para cuestiones legales.

Debido a sus efectos beneficiosos en la piel y las membranas mucosas, la caléndula se usa en muchos casos como tintura madre o aceite.

• LA MAGIA DE LA FLOR •

La magia de la caléndula se encuentra en la sanación de heridas relacionadas con la violación de límites, la recuperación de la inocencia y la bendición al comienzo de un nuevo sendero creativo y fértil. Nos apoyamos en esta flor para volver al estado de pureza del espíritu que se alcanza tras la sanación.

Margarita

BELLIS PERENNIS

La margarita, emblema de la inocencia, la pureza y la positividad, es la guardiana de todos nosotros. Evoca la esencia maravillosa de un prado en primavera, repleto de su aroma y de la alegría de jugar sin preocupaciones.

Como guardiana de todo lo sencillo y bonito, la margarita suele ser la primera con la que muchos nos encontramos.

Según las leyendas celtas, las margaritas representan el alma de los niños que fallecieron en el parto o poco después, que vuelven con ese disfraz para ofrecer consuelo a sus apenados padres. Sin embargo, el nombre del género de esta planta procede de la mitología romana: los dioses transformaron a la ninfa Belides en la pequeña flor *Bellis* cuando ella les pidió una vía de escape para la indeseada atención de Vertumno, deidad de los bosques y las estaciones. Hasta la actualidad, ha estado ligada a las formas más sencillas y tiernas de adivinación que acompañan, juguetonas, a las primeras chispas del amor: ese «me quiere, no me quiere» en el que, para descubrir si un amor es o no correspondido, arrancamos un pétalo tras otro con miedo y esperanza.

Los antiguos romanos ya la conocían y apreciaban por sus cualidades anticongestivas y antiinflamatorias. Puede tomarse en ensaladas o infusionada en un té. Se puede utilizar en un baño para rejuvenecernos o como amuleto de buena suerte en los nuevos comienzos.

• LA MAGIA DE LA FLOR •

El modesto amuleto de la margarita teje un hechizo fragante de infancia, reactivando un mundo sometido a la dinámica vitalidad de un nuevo brote. Puede disipar el miedo al futuro al reforzar nuestra autoconfianza.

Prímula

PRIMULA

Al inicio de la primavera, bajo los primeros rayos cálidos del Sol, las prímulas llegan para anunciar, como niñas tiernas y alegres, el despertar de toda la naturaleza.

Intrínseca en su nombre, «la que florece primero», se encuentra la naturaleza de esta flor que colorea la tierra desnuda con áreas multicolores que evocan la espontaneidad y la frescura del niño interior y la juventud eterna.

La capacidad de la prímula de abrir las puertas de mundos escondidos y mágicos y de darnos acceso a verdaderos tesoros está presente en varias tradiciones. En la mitología nórdica, Freya, diosa del amor y la fertilidad, consagró esta flor. La usó para desbloquear la llegada de la primavera. De ahí que se ganara el nombre de *Schlüsselblume* o «flor llave». Encontramos el mismo concepto en la tradición cristiana, donde las prímulas se convirtieron en las «llaves de san Pedro» en el paraíso.

La mística medieval Hildegarda de Bingen recomendó usar sus flores para alejar la melancolía y mantenerlas cerca del corazón para alumbrar y calentar el alma.

La flor no sólo es comestible, también presenta beneficios analgésicos, antiinflamatorios y antirreumáticos al consumirse. Desde un punto de vista más espiritual, aporta ligereza, libertad y despreocupación, rejuveneciendo el espíritu.

• LA MAGIA DE LA FLOR •

La prímula, flor guardiana de los límites entre las distintas dimensiones, nos revela lo que suele ser invisible y nos despierta de un largo sueño, además de curarnos de la desilusión y conectarnos con la fuente de la vida.

Nomeolvides

MYOSOTIS

El delicado nomeolvides color azul cielo, aunque muy pequeño, simboliza algo inmenso: el acto de recordar o de «hacer volver al corazón».

Según una leyenda alemana, el nomeolvides se llama así porque, mientras Dios daba nombre a las plantas, una pequeña flor, por temor a que la pasara por alto, gritó: «No me olvides, oh, Señor», a lo que Dios respondió: «Ése será tu nombre».

Nuestros ancestros la consideraban una hierba sagrada, usada en medicina ocular. La alusión a los ojos también se encuentra en las tradiciones cristianas, donde los nomeolvides están ligados a la Virgen María porque representaban el color de sus iris, además de simbolizar su fidelidad y amor incondicional.

Hasta la actualidad, ha representado el deseo, el amor y el anhelo de todos nosotros hacia lo infinito y hacia el gran misterio de la vida. Simboliza todo lo que no debemos olvidar: seres queridos, amigos, personas que ya no están con nosotros y a nuestro niño interior, con sus deseos y sueños. Olvidarlos equivale a renunciar a nuestro potencial, a lo que podríamos ser, perdiendo de vista nuestra identidad y belleza sin límites.

Como consecuencia, podemos utilizar esta flor para elaborar un ramo que rinda homenaje a los fallecidos o sirva de talismán para fortalecer círculos. También podemos colocarla bajo la almohada para inducir el sueño y evocar recuerdos de algo o de alguien.

LA MAGIA DE LA FLOR

Elija quien elija esta flor nunca será olvidado y nunca olvidará. Estará presente en los demás y en ellos mismos a través del corazón, un lugar mágico capaz de preservar todo lo que no debe perderse. Ésa es la magia del nomeolvides.

Lirio de los valles

CONVALLARIA MAJALIS

Su inolvidable aroma, evoca intensos recuerdos antiguos vinculados a la infancia y los mundos mágicos, a las hadas, a las dimensiones más etéreas.

Su nombre botánico nos indica las áreas húmedas y sombrías de su hábitat. La floración y cosecha es en mayo. De origen europeo, se asocia a la comunicación entre personas y mundos. Es una flor mensajera y, según las leyendas, la favorita Mercurio, a quien le encantaba su aroma y creía que fortalecía la memoria.

También se la conoce como la «taza de las hadas», un nombre inspirado por una vieja leyenda que afirma que las hadas dejaban atrás sus copas en los prados tras un día de celebración. Para proteger su enigma de los espectadores curiosos, la deidad guardiana transformó las copas en las delicadas corolas blancas del lirio de los valles. Al ser venenosas, las flores se usan en medicina por la acción de una toxina relacionada con la dedalera, capaz de facilitar las funciones cardiotónicas y diuréticas.

El lirio de los valles puede colocarse en forma de ramos en cualquier ambiente. Además, fomenta la paz y la tranquilidad, aligera las energías y favorece la claridad mental. Con flores y hojas, podemos crear un amuleto que nos ayude en las relaciones y nos cure las cicatrices emocionales que nos empujan a alejarnos de los que nos rodean. Su aroma es útil en la meditación, elevando la mente y aportándole ligereza.

• LA MAGIA DE LA FLOR •

Su hechizo nos guía hacia el rejuvenecimiento, activa nuestra capacidad de rememorar todo lo acaecido, incluidos los recuerdos ocultos, y recupera nuestra pasión por la vida, y por una perspectiva radiante y cautivadora del futuro.

Viola

VIOLA

Con sus radiantes colores y su forma, la viola es una flor que aporta felicidad a todos, desde los niños a los herbolarios más experimentados.

Autóctona del sur de Europa, su presencia aporta color a los bosques al finalizar el invierno. La viola se esconde en las sombras de los pinos y los robles como un espíritu infantil que necesite sentirse protegido y apoyado antes de mostrarse al mundo.

Según la mitología griega, surgió de Zeus para consolar a su querida ninfa Io, a quien la celosa Hera había transformado en novilla.

Símbolo de delicadeza y de la profundidad de los sentimientos, tiene un alma delicada y tierna, pero puede ayudarnos a encontrar fuerza interior y liberarnos de emociones cristalizadas. Está vinculada a las mujeres y las jóvenes, a quienes apoya en épocas de transición y transformación del cuerpo, dándoles la espontaneidad de habitarlo. Es una maestra en modestia, creatividad y amabilidad.

Podemos meditar en su presencia o hacerla arder para inhalar su humo con el fin de evocar una energía sutil y rendir homenaje a los espíritus durante el despertar de finales del invierno. Podemos dejar que las flores maceren hasta convertirse en aceite durante un ciclo lunar y obtener sus beneficios al aplicarlo en la zona del pecho, sobre el corazón y los pulmones para aliviar la melancolía y recuperar nuestro estado de alegría pura y juvenil.

• LA MAGIA DE LA FLOR •

Nos dirigiremos a ella cuando la vida nos lo ponga difícil, cuando nos paralicen y limiten los muros que erigimos a nuestro alrededor. Nos ayudará a encontrar la suavidad y honrar la vulnerabilidad, espacio en el que puede florecer la alegría.

Azalea

RHODODENDRON

La belleza de sus flores, en múltiples tonalidades blancas, rosas, rojas y moradas, hace que la azalea sea un símbolo de feminidad, amor y ternura.

Autóctona de China y Japón, la azalea es una especie venerable que lleva adornando la Tierra durante unos sorprendentes 70 millones de años. El nombre procede de la palabra griega *azaleos* («seco»), lo que refleja su asombrosa capacidad de florecer y brotar en gran variedad de climas, aunque tiene una preferencia innata por los suelos más áridos. Es una planta con una larga vida que se puede extender hasta los cien años.

Todas las primaveras se llena de flores, mensajeras de la naturaleza, que hablan de renacimiento y esperanza de un nuevo comienzo fértil.

La azalea nos habla de amor y cuidados maternos. Potencia nuestra capacidad de ofrecer y recibir hospitalidad, y fortalece los vínculos emocionales y las conexiones interpersonales. Crea esa sensación de nido y hogar donde todos podemos refugiarnos y recargar las pilas antes de extender las alas de nuevo. Al preocuparse por la nostalgia que sentimos hacia nuestra casa y el abrazo materno, nos lleva de la mano en un viaje de aceptación y sanación del niño interior.

Incorporar esta planta en nuestro jardín no sólo beneficia nuestro bienestar, sino también el de los que nos rodean. Meditar con la fragancia aromática de la azalea nos hace echar raíces, conectar con ellas y reafirmar nuestro camino hacia el crecimiento espiritual.

• LA MAGIA DE LA FLOR •

Con la esencia tierna pero profunda de la calidez maternal, la azalea nos guía hacia nuestro interior para que aprendamos a conocernos y amarnos.

Croco

CROCUS

Tras las celebraciones de Imbolc y la Candelaria, ahora que la primavera ya ha regresado, el croco brota en bosques, prados y jardines, trayendo consigo la energía efervescente de los nuevos comienzos.

Las cualidades del croco, flor asociada a la belleza y el renacimiento, se llevan anunciando y apreciando desde la antigüedad. Los egipcios lo usaban para tratar los dolores oculares y menstruales, así como para el arte funerario de la momificación. En la mitología griega, la flor hace referencia a la belleza de Afrodita y la figura de Perséfone al regresar del reino de Hades. En la *Ilíada*, se dice que la cama nupcial de Zeus y Hera estaba hecha de flores de croco. Según la leyenda, un joven llamado Croco se enamoró de Esmílace, que a su vez era la favorita del dios Hermes, quien, por celos, transformó a su rival en una flor.

Todavía hoy es una constante en las celebraciones de renovación, añadiendo colores y alegría e infundiendo esperanza y felicidad por los nuevos comienzos.

Es esencial diferenciar el célebre *Crocus sativus*, que florece en otoño y de cuyos estigmas surge el azafrán, del *Crocus vernus*, tóxico y no apto para el consumo. En plena época de floración, estas flores se pueden recolectar y secar para elaborar amuletos para niños y adultos, además de utilizarse para bendecir nuevas aventuras y relaciones. Dada su asociación con la renovación y la felicidad, meditar en presencia de esta flor puede ser útil para concentrarse en las aspiraciones y conseguir que los esfuerzos den sus frutos.

• LA MAGIA DE LA FLOR •

Con la promesa de la primavera, el espíritu del croco nos guía con confianza hacia nuevos comienzos, ideas y aventuras, incluidos los de carácter romántico.

Campanilla de invierno

GALANTHUS NIVALIS

«La hermosa dama de febrero» florece en torno al día de la Candelaria. Su inmaculada corola emerge de los terrenos áridos y gélidos para anunciar el deshielo y el despertar de la tierra.

En el nombre botánico de esta flor, se utilizó tanto el griego como el latín. *Gala* significa «leche» en griego, una referencia a su color, y *anthos*, «flor». El término latino *nivalis* significa «de nieve» y hace referencia al mundo apagado y mágico en el que crece la campanilla de invierno. Su tallo frondoso, se abre paso a través de la tierra cubierta de nieve y asciende hacia la luz antes de acabar en una delicada flor blanca.

Por ese ascenso hacia la luz, la campanilla de invierno se relaciona, en la mitología griega, con Perséfone y su ciclo de regreso a la Tierra tras los seis meses que pasó en el reino de Hades. En otras culturas, estas flores se usan en los rituales de purificación que marcan el final del invierno.

Es encantador observar el vaivén de las campanillas de invierno bajo la brisa de febrero, esperando el primer beso cálido del Sol, e inhalar su delicado y meloso aroma. Nos recuerda los ciclos de la naturaleza, invitándonos a dar la bienvenida a la primavera y depositar nuestra fe en la promesa de un nuevo comienzo.

Las campanillas de invierno purifican los pensamientos al usarse como adorno y alivian la sensación de pesadez y el dolor de cabeza al frotarlas en la frente.

LA MAGIA DE LA FLOR

Confiemos en la campanilla de invierno cuando sintamos que es el momento de descongelar nuestras energías y dejar marchar la antigua pena para esperar con confianza los nuevos comienzos.

Ramos
DEL JARDÍN DEL NIÑO INTERIOR

La caléndula, la manzanilla dulce, la campanilla de invierno y la viola se pueden combinar para sanar al niño interior.

Un puñado de lirios del valle y prímulas pueden despertar los hechizos de nuestro ser.

La manzanilla dulce, la azalea y los nomeolvides son perfectos para los que necesitan cuidados y un amor maternal.

Para facilitar los nuevos comienzos, recoge un ramo de crocos y campanillas de invierno o de sencillas margaritas.

Jardín del viento

En este jardín, siempre hay una ligera brisa que hace que las plantas y las flores bailen. Los espíritus del aire moran aquí, encargados de moverlas sin dejarse ver. Este jardín se debe visitar cuando se busca el cambio, se persigue la purificación o se produce una transformación en nuestras vidas. Las flores que crecen en él aportan movimiento, nos ayudan a liberarnos de lo antiguo e hinchan nuestras velas con un viento que nos empuja hacia el futuro que nos espera.

Lavanda

LAVANDULA

Su inconfundible aroma traspasa el tiempo y el espacio. Además, al desprendernos de lo superfluo, la lavanda pone al descubierto las verdades más recónditas del alma. Agita en nuestro interior la capacidad de expresar esas verdades con una claridad y autenticidad exclusivamente nuestras.

Autóctona de la cuenca del Mediterráneo, la lavanda se impone con su aroma como planta de la determinación, la valentía y la capacidad de mantener el equilibrio, incluso cuando todo se desmorona. Por lo tanto, no sorprende que se entregaran ramitas de lavanda a las mujeres durante el parto para que las utilizaran como amuletos protectores, con la creencia de que su potente aroma les infundía fuerza.

Sin embargo, también es un símbolo de amor incondicional y fidelidad. La leyenda cuenta que la diosa Venus encantaba a los hombres gracias a su aroma. Por lo tanto, la lavanda protege las relaciones de pareja y, al usarse como amuleto o frotarse en la ropa, es capaz de generar una fuerza magnética que atrae el amor a nuestras vidas.

Si pensamos en sus propiedades, la lavanda potencia el bienestar mental y la felicidad al aumentar los niveles de serotonina y de dopamina, ayudando tanto al rejuvenecimiento de la energía como a la relajación. En el ámbito espiritual, desbloquea el poder de convertir lo imposible en realidad. Cuando se quema como incienso, destensa las atmósferas densas y opresivas.

• LA MAGIA DE LA FLOR •

Su nombre deriva del latín *lavare*, que significa limpieza, frescura y renovación. La lavanda desprende una fuerza que nos permite superar los malos momentos.

Narciso

NARCISSUS

Esta maravillosa flor posee propiedades únicas y un aroma penetrante. A medida que se mece bajo la brisa, su corola, sea blanca o amarilla, junto con su trompeta central, se sume en lo que parece un baile cautivador.

El narciso, planta venenosa autóctona de Oriente Medio y el sur de Europa, está vinculado intrínsecamente con el mito de Narciso, un joven hermoso y cruel que rechazó a todas las personas que se enamoraron de él. Los dioses lo condenaron a enamorarse de su propio reflejo en el agua y murió al caer en ella.

Este mito le ha dado a la planta un significado ambiguo. Por un lado, se asocia con el concepto de egoísmo y de un amor propio excesivo. Sin embargo, si lo analizamos a fondo, se puede percibir que es el emblema de una profunda metamorfosis: desde el conocido narcisismo que lleva a la muerte al consecuente renacimiento a través de la unidad con la naturaleza. Los druidas eran conscientes de este significado tan profundo, por lo que la relacionaban con la pureza y la capacidad de absorber la negatividad de los pensamientos humanos.

No hay renacimiento sin muerte. Por eso, los antiguos romanos creían que esta flor crecía en el más allá. Además, estaba relacionada con el festival de Ostara y, después, con la Pascua.

Es una flor llena de energía fértil. Al llevarla con uno mismo u observarla, inspira paz, calma y el valor de dejar morir las partes limitantes y egocéntricas.

• LA MAGIA DE LA FLOR •

Nos lleva más allá de la ilusión de separación y desconexión del todo. Nos ayuda a desprendernos del yo demasiado centrado en uno mismo, de la mente cerrada, al ofrecernos el renacimiento en una belleza verdadera, que es la unidad.

Zanahoria silvestre

DAUCUS CAROTA

A pesar de crecer flanqueando los caminos secos y áridos entre el polvo, la zanahoria silvestre recuerda a un tapete con un fino encaje creado por las habilidosas manos de la naturaleza.

Habitual en Europa, Asia y el norte de África, esta planta presenta una raíz primaria comestible y un tallo robusto que soporta los vientos más violentos. En varios países se conoce como «el encaje de la reina Ana», que se quedó embarazada diecisiete veces, pero sólo uno de los niños sobrevivió a los primeros años, aunque éste tampoco alcanzó la edad adulta. No es una coincidencia que la flor no sólo proporcione consuelo y refugio en mitad de la pena materna, sino que también tiene el poder de producir abortos.

La forma de la flor cambia con el tiempo. Al principio, parece un paraguas. Luego, se aplana y se asemeja a un tapete de encaje, caracterizado por un pequeño punto central más oscuro, elemento que la distingue de la venenosa cicuta. Después, cuando las semillas maduran, se cierra como un útero o un nido, un santuario, un refugio, un lugar seguro en el que procesar la pena y el dolor.

Sus semillas deberán recolectarse después de que la flor adopte la forma de un nido, en concreto el primer día tempestuoso tras la Luna llena. Al frotarla contra las manos, las semillas caerán y los restos se los llevará el viento, alejando las energías negativas. Se pueden crear amuletos protectores con estas semillas.

LA MAGIA DE LA FLOR

La zanahoria silvestre nos muestra la belleza en cada fase de la vida y nos ayuda a enfrentarnos a la pérdida y el dolor al encontrar refugio en nosotros mismos y en la fuerza de la naturaleza.

Pan de puerco

CYCLAMEN

Cuando paseamos por el bosque, el pan de puerco florece, revelándose ante nuestro sentido del olfato con un aroma sin precedentes. Delicado y penetrante, nos refresca y nos proporciona energía para seguir nuestro camino.

El pan de puerco brota de manera espontánea en todos los países mediterráneos, pero también en Somalia e Irán.

Su nombre botánico procede de la palabra griega *kyklos*, «círculo», una figura geométrica sagrada que simboliza el cosmos, su ritmo natural y la naturaleza cíclica de todos los seres vivos. El pan de puerco ofrece un mensaje a través de su forma: el tubérculo esférico escondido bajo tierra, su tallo propenso a curvarse en una espiral al fertilizarse, la corola, tan parecida al útero, y las hojas que recuerdan el ritmo de un corazón palpitante.

Desde la antigüedad, el pan de puerco se consideraba un guardián de todo lo que se mueve cíclicamente: la vida, la fertilidad y la suerte. Es una flor venenosa para los humanos. Por eso, los antiguos griegos la asociaron con Hécate, poderosa diosa lunar de la magia y los hechizos. Se usaba como protección ante las maldiciones y remedio contra la mordedura de las serpientes venenosas. En la Edad Media, por esa misma razón, se creía que estaba vinculada al demonio.

Se piensa que, si se coloca allí donde se va a dormir, ahuyenta las pesadillas y, en sentido más amplio, repele a los individuos negativos y protege el corazón.

• LA MAGIA DE LA FLOR •

La magia del pan de puerco consiste en reconectarnos con los ciclos internos y externos, con los cuartos creciente y menguante de la Luna, con el aumento y la disminución de las horas de luz, con el cambio como clave de nuestra existencia.

Botón de oro

RANUNCULUS

Sencillo y elegante, su nombre botánico los relaciona con las ranas por su preferencia a las zonas pantanosas. Crecen y se extienden tan rápidamente como transmiten su mensaje.

Autóctono de Asia y las regiones frías del planeta, en este género se distinguen más de quinientas especies. Sin embargo, la variedad silvestre, la *auricomus*, es la más conocida, ya que cubre prados y pastos con su tono dorado.

La historia del botón de oro es antigua. Rodeado de numerosos mitos persas y turcos, hay registros de su uso para la adivinación, fomentar las conexiones espirituales y adquirir sabiduría. Las flores secas se usaban en la elaboración de amuletos, que se llevaban en el cuello para potenciar el equilibrio mental. Además, se recogían para formar ramos protectores que se colgaban en el exterior de las casas. Durante las celebraciones del solsticio de verano, se tejían guirnaldas de botones de oro que se les colocaban a las vacas para que bendijeran la futura producción de leche. También se dice que Jesús las creó al transformar las estrellas del cielo en flores como regalo para su madre.

Está relacionado con el mundo de las hadas, de quienes se decía que bebían y se lavaban la cara y las manos con el rocío que se acumulaba en su interior.

Todos los *Rannunculus* son venenosos y no deberían consumirse. Conviene evitar el contacto cutáneo ya que puede provocar irritación y ampollas.

• LA MAGIA DE LA FLOR •

El vivo tono amarillo iridiscente de los pétalos del botón de oro evoca imágenes de dicho metal y simboliza prosperidad y abundancia. Por lo tanto, es un aliado a la hora de acelerar la materialización de los sueños.

Cardo mariano

SILYBUM MARIANUM

Con sus flores entre moradas y fucsias, sus hojas espinosas con vetas blancas y su aspecto salvaje, el cardo mariano es un símbolo de protección.

Autóctono del Mediterráneo y presente desde una época tan temprana como el siglo I d. C., el cardo mariano era apreciado por sus propiedades beneficiosas para el cuerpo y la mente. Se utilizaba para la limpieza del hígado y potenciaba la producción de leche materna, además de considerarse eficaz para aliviar la melancolía. En la tradición cristiana, se asocia con la Virgen María y la savia blanca que rezuma de la planta representa la leche con la que nutría a Jesús.

En la Edad Media, se consideraba un remedio contra venenos y mordeduras de perros rabiosos. También se usaba en rituales de protección contra desastres naturales. Se cultivaba en campos de cereales para alejar a espíritus malvados y, con ese propósito, se quemaban sus semillas o se guardaban en el bolsillo.

Plantado en jardines, mantiene alejados a ladrones y malhechores. Cuando se infusiona en un té, ayuda a limpiar tanto el estado físico como el emocional. Purifica y potencia la eliminación de toxinas internas, y fomenta el fortalecimiento y la claridad de los límites personales. Podemos utilizar sus espinas para elaborar amuletos protectores, cremar sus semillas para producir incienso purificador o colocarlas en las palmas de las manos, pedir un deseo y soplar para que se las lleve el viento. Así nos encomendamos a los espíritus del aire.

• LA MAGIA DE LA FLOR •

Las propiedades de esta flor son la purificación y la protección. La leche y las espinas son su medicina: nos enseñan a diferenciar lo que nos alimenta y lo que nos daña.

Angélica

ANGELICA ARCHANGELICA

Los enormes paraguas de la angélica que adornan los campos veraniegos presentan delicadas flores y desprenden un aroma cautivador a regaliz y enebro, lo que evoca una mezcla de sensaciones reconfortantes y exóticas.

El nombre nos informa de inmediato de que es una planta divina. Según la tradición popular, el arcángel Rafael se la entregó a la humanidad como remedio contra varias enfermedades predominantes, sobre las que ejercía numerosos efectos beneficiosos. A la angélica le encanta el frío, tanto que crece incluso en regiones polares. Para la cultura sami, es la planta más importante y se usa de diferentes formas: como alimento, en la medicina chamánica y en la construcción del *fátnu*, instrumento de viento usado en rituales.

Se considera refugio de las hadas y los ángeles, por lo que se puede usar para llamarlos e invocar su protección, apoyo y sanación. Se debe tener mucho cuidado a la hora de identificarla porque se parece a dos plantas tóxicas de la misma familia: la cicuta y la panacea.

Puede arder como incienso para potenciar la concentración, ayudar a la meditación y reforzar la capacidad de ver el futuro. Puede usarse para elaborar alcohol, como hacían los monjes medievales y los habitantes de las montañas. Se puede disolver en el agua del baño, usarse como comida, adorno dulce en postres o saborizante en platos sabrosos por su conexión con la familia del apio.

LA MAGIA DE LA FLOR

La angélica nos defiende y protege como un ángel. Aleja y atenúa todo lo malo que nos pasa. Estimula la vitalidad y la calidez interna, fuentes de la autosanación y la autopurificación.

Anémona

ANEMONE

Las coloridas corolas de las anémonas, que se mecen bajo la brisa de entretiempo, son un recordatorio de la fugacidad y una invitación a disfrutar del momento.

Hay más de cien especies diferentes de anémonas, que florecen en otoño e invierno entre los matorrales y en las zonas húmedas. Algunas han crecido de forma espontánea en Europa, pero otras proceden de Sudáfrica o América del Sur.

Los egipcios, los primeros en conocerla, colocaban un bol con sus flores dentro de las pirámides. Por otro lado, los etruscos la cultivaban alrededor de las tumbas. Un mito griego dice que la ninfa Anémona cautivó a dos vientos: Céfiro, que representaba las cálidas brisas de primavera, y Bóreas, el viento penetrante y frío del norte. Los dos, al luchar por su amor, provocaron fuertes tormentas. Para ponerle fin y en parte movida por los celos, la diosa Cloris transformó a la ninfa en una flor, ocultándola para siempre de los dos pretendientes. Así, Céfiro hace florecer a las anémonas mientras que Bóreas desprende por el aire sus delicados pétalos. Por lo tanto, el mito no sólo explica la corta vida de las anémonas, sino también su epíteto como «flor de viento». Se creía también que las hadas le tenían aprecio a esta flor al elegirla a menudo como refugio.

Soplar los pétalos de la primera anémona con la que nos encontremos y pedir un deseo, llevar un bulbo en el bolso o plantarla en el jardín son rituales relacionados con la suerte, el deseo y la armonía.

• LA MAGIA DE LA FLOR •

La anémona representa la magia del aliento. Contiene vida y la invitación a estar ahí, a disfrutar del presente sin posponerlo. Cada momento es valioso.

Brezo

CALLUNA

El brezo florece en grandes cantidades en los páramos, exhibiendo una resistencia tenaz al viento, mientras desprende una delicada fragancia que les encanta a las abejas.

El brezo se conoce y se usa desde la antigüedad. Tenemos pruebas de que hace 4000 años se utilizaba para hacer colchones suavemente aromatizados, tejer cestas y elaborar mantas y escobas caseras, además de quemarse en las hogueras.

El nombre del género procede del griego y significa «pureza», «belleza» y «barrer». De hecho, el brezo se utilizaba para limpiar los templos, no sólo para eliminar el polvo, sino también para alejar las energías negativas y los malos espíritus. Los druidas, antiguos sacerdotes celtas, lo consideraban sagrado y mágico. Además, creían que tenía propiedades sobrenaturales. Las ramitas se quemaban para cocinar el pan sagrado utilizado durante las ceremonias. Estas plantas también se consideraban morada de las hadas y portal al inframundo, los celtas se aseguraban de dormir cerca de ellas para evitar desaparecer.

Si queremos purificarnos o limpiar nuestro entorno, podemos formar un ramo de brezo y usarlo como escoba o quemarlo como incienso. Con las flores, podemos preparar una infusión, excelente para los resfriados y los reumatismos, o la famosa cerveza de brezo.

LA MAGIA DE LA FLOR

La magia del brezo consiste en favorecer la esperanza y sirve como remedio para la melancolía y la soledad. La esperanza puede convertirse en viento que hinche nuestras velas, de forma que nuestros sueños se hagan realidad.

Verbena común

VERBENA OFFICINALIS

Utilizada desde hace tiempo como remedio para regular los planos físico, emocional y espiritual, la verbena, con sus flores azules o moradas, nos guía hacia la consecución del equilibrio interior.

Considerada una planta sagrada y mágica por muchos pueblos antiguos que apreciaban sus propiedades purificadoras, se creía que la verbena era capaz de combatir las fuerzas del mal, sobre todo, los hechizos de vampiros y brujas. La usaban los antiguos egipcios, así como los griegos y los romanos, que se la ofrecían a los dioses en ceremonias para atraer su benevolencia y pedir gracia y fortuna. También llamada *Herba veneris,* se relacionaba con Venus, quien se suele representar con un ramo en las manos, y con Apolo, dios de la música, las artes, las profecías y la medicina. Los bardos celtas la tejían en forma de coronas para inspirarse al componer sus canciones.

Las hojas se suelen usar para activar las capacidades oraculares o atraer la protección y la paz. Una bonita forma de adivinación, que se practica hoy en día, consiste en escribir palabras en hojas de verbena; después, se busca un lugar ventoso en el que permitir que la brisa se lleve una parte y se descifra el mensaje de las que quedan.

LA MAGIA DE LA FLOR

La verbena se conoce por su capacidad de potenciar y despertar la intuición y la inspiración, además de fomentar la claridad mental y las habilidades espirituales. Se deshace de la incertidumbre y las dudas, enfrentándose a las fuerzas que intentan desordenar nuestros pensamientos y que causan la pérdida de nuestro sentido de la claridad y la dirección.

Ramos
DEL JARDÍN DEL VIENTO

La anémona y la angélica estimulan el aliento de la vida.

Para sentirnos parte de los ciclos y el cosmos, combinamos pan de puerco, zanahoria silvestre y narciso.

Los botones de oro y el brezo aceleran los cambios y reavivan nuestra esperanza.

Un ramo de cardo mariano, lavanda y verbena nos aportará una gran purificación, el precursor necesario para permitir la llegada de una nueva inspiración.

Jardín de los sentidos

Las flores y las plantas hablan con nuestros sentidos a través de colores, aromas, formas y sensaciones táctiles. En este jardín, las flores pueden abrir las puertas de la comunicación porque están conectadas a la magia que opera en el plano material. Resuenan con nuestro bienestar físico y nuestra vitalidad, con nuestra fertilidad, y evocan una sensación de abundancia y prosperidad. Articulan el dialecto rico y nutritivo de la Madre Tierra, recordándonos de manera constante el amor y la protección que nos regala día tras día.

Trébol violeta

TRIFOLIUM PRATENSE

Con sus flores blancas o rosas y sus hojas tripartitas, el trébol violeta da color a los campos y aporta alegría. Cuando es de cuatro hojas, se convierte en un amuleto valioso que garantiza la buena suerte.

Para los druidas, el trébol era una poderosa planta mágica, relacionada con el sagrado número tres: los tres reinos, las tres edades de la Luna, las tres caras de la diosa... Lo usaban como talismán y en rituales de curación. Los griegos y los romanos apreciaban sus propiedades medicinales, además de creer que ahuyentaba a las serpientes y curaba sus mordeduras.

Según las leyendas irlandesas, los seres fantásticos viven en grandes explanadas de tréboles y las personas que se quedan dormidas entre estas flores pueden conocer a leprechauns, hadas y elfos y disfrutar de un poco de suerte, sobre todo si también está presente un trébol de cuatro hojas. El trébol, protagonista indiscutible del Día de San Patricio, se encuentra en el centro de distintos rituales para atraer la buena suerte.

Es una flor sencilla, pero muy nutritiva y repleta de propiedades curativas. Cuando se usa como pienso, aumenta la producción de leche en las vacas y fomenta la regeneración del suelo. Las mismas propiedades que incrementan la producción de leche materna en mujeres también desintoxican el cuerpo y ayudan a reestablecer el equilibrio hormonal gracias a la presencia de fitoestrógenos.

• LA MAGIA DE LA FLOR •

Esta flor nos recuerda el cambio y la triple esencia de las cosas. El trébol nos enseña que, en la sencillez, se tiene acceso a lo complejo y, en lo cotidiano, a lo mágico.

Orquídea

ORCHIDACEAE

Presente en todo el mundo, se reconoce por su característica estructura alada, que se expresa con una multiplicidad de formas y colores.

Según el mito griego, Orchis, el hijo joven y guapo de un sátiro y una ninfa, fue condenado a muerte por intentar seducir a una sacerdotisa de Dionisio durante la Bacanal. Su padre rezó a los dioses para que lo perdonaran y ellos lo transformaron en una orquídea, flor de aspecto delicado cuyas raíces se vinculan a la sexualidad y el deseo.

La sabiduría tradicional ha ensalzado desde hace tiempo las propiedades afrodisíacas y curativas de estos tubérculos, que se consumen como remedio para la infertilidad y para estimular o atenuar el deseo sexual. Según el antiguo médico griego Dioscórides, tomar el tubérculo más grande aumentaría las probabilidades de que un padre tuviera un hijo varón, mientras que si una madre comiera el tubérculo más pequeño, tendría más opciones de dar a luz a una niña.

Incluso en la actualidad, en Oriente, el *salep*, una harina obtenida al moler los tubérculos de distintas orquídeas, se usa como afrodisíaco reparador. También pueden usarse en la creación de amuletos para atraer el amor.

Estas flores se usan en el *handfasting* o unión de manos, un ritual matrimonial celta que se remonta al 700 a. C. Dar una orquídea al amante pone en movimiento las energías románticas y ayuda con la comunicación.

• LA MAGIA DE LA FLOR •

El hechizo de la orquídea se basa en cultivar la armonía y la paz, nutrir la expresión desinhibida del amor y la sensualidad, y activar las energías atractivas y creativas que recorren nuestro interior.

Hierba doncella

VINCA MAJOR

Las cepas y los pétalos de la hierba doncella, una flor sagrada para la diosa madre, tienen un color característico que une, forja conexiones con la tierra y se extiende hasta el cielo.

Autóctona de Europa y los trópicos, la hierba doncella es una planta invasora con propiedades curativas. Como contiene alcaloides, debería usarse con precaución para evitar una sobredosis, lo que podría llevar a una caída peligrosa de la presión sanguínea.

Históricamente, se ha relacionado con los poderes mágicos de las brujas, así como con el amor y la muerte. De hecho, en una práctica antigua, se colocaban coronas de hierba doncella en los ataúdes de los niños para protegerlos durante su paso al más allá y ayudar a sus padres a superar el dolor. Las hierbas y flores secas se usaban para rellenar los colchones y potenciar el amor, la pasión y la fidelidad de las parejas. Además, se lanzaban sus pétalos ante los recién casados el día de su boda.

Aparte de favorecer los vínculos y protegerlos, la hierba doncella es una flor conectada a los recuerdos. Según una antigua leyenda, la práctica de fijar la mirada en ella hacía que resurgieran recuerdos ocultos.

Las hojas secas se queman para purificar un ambiente con energías negativas. También se puede colgar una guirnalda en la puerta o plantarla en el jardín para salvaguardar un hogar y potenciar la armonía.

LA MAGIA DE LA FLOR

Esta flor puede ser una aliada cuando queremos recordar, fortalecer los vínculos debilitados o perdidos, reforzar los existentes o favorecer los nuevos.

Milenrama

ACHILLEA MILLEFOLIUM

Con sus delicadas flores blancas y rosas, acompañadas de pequeñas hojas, la milenrama es habitual e inconfundible en prados y pastos, donde sus robustas raíces se filtran hasta las profundidades de los suelos fértiles y oscuros.

El nombre botánico de la milenrama deriva del legendario héroe griego Aquiles, quien, siguiendo el consejo de Afrodita, la usó para tratar sus heridas y las de sus compañeros, sobre todo las de Télefo, durante el largo asedio de Troya.

Tiene cualidades terapéuticas, apreciadas desde la antigüedad, como demuestran los restos descubiertos en Irak en la tumba de un neandertal del 60 000 a. C. aproximadamente. Además de usarse en las tradiciones norteamericanas o en las prácticas ayurvédicas, la milenrama gozaba de una importancia significativa en China, donde se empleaba no sólo con propósitos medicinales, sino también en la adivinación del I Ching. Hasta la Primera Guerra Mundial, se consideró un remedio sin precedentes para las heridas y los cortes.

Su afinidad con el elemento tierra es profunda. Su presencia ahuyenta las plagas. Además, tiene un papel importante en la prevención de la erosión del suelo y a la hora de atraer abejas y mariposas.

Fortalece nuestra resiliencia y valentía para afrontar la vida. Podemos beberla en un té o usarlo como amuleto. Los ramos o las flores repartidas por la entrada alejan las enfermedades y presencias indeseadas, y atraen las benevolentes.

• LA MAGIA DE LA FLOR •

La medicina de la milenrama nos ayuda a echar raíces y nos cura las heridas del cuerpo y el alma. Nos ayuda a superar momentos dolorosos de una manera equilibrada y prepara el camino para la sanación.

Flor del manzano

MALUS DOMESTICA

Inseparable de la energía dinámica de la primavera entre el suave zumbido de las abejas y bajo la cúpula azulada de esta gloriosa estación, esta flor nos habla de renacimiento, abundancia, belleza, salud y amor.

La flor del manzano, conocida por su cautivador aroma, atrae a los insectos polinizadores con su encanto irresistible. Sirve como fuerza vital que respalda el ciclo de la vida por el que prospera toda la naturaleza.

Los celtas la usaban durante la boda para bendecir a los recién casados y para decorar el dormitorio con el fin de fomentar el deseo. Por otra parte, en la tradición cristiana, el manzano representa la tentación que llevó a la caída de Adán y Eva, y los condenó a una existencia mortal.

La flor del manzano reconoce que la pasión tiene facetas más oscuras, pero ayuda a atenuar estos elementos.

Fertilidad, sensualidad, tentación... Regalarle a alguien una flor del manzano es prometerle amor y pasión. Elijámoslo en rituales mágicos para la salud, hechizos de amor y cada vez que queramos evocar abundancia, felicidad y poder personal, pero también al organizar ceremonias de agradecimiento a la tierra.

Sus brotes pueden introducirse en saquitos como amuletos que fomenten la abundancia. Secos y quemados como incienso o disueltos en cera líquida, sirven para elaborar velas de amor verdadero.

• LA MAGIA DE LA FLOR •

La flor del manzano es una invitación, la promesa de que su delicioso fruto nos nutrirá y satisfará. Ahí se encuentra su magia, recordándonos que confiemos en la vida, que nos alimenta y ama.

Lunaria perenne

LUNARIA REDIVIVA

Las flores lilas salpicadas de violeta desprenden una delicada fragancia, pero es el fruto de la lunaria, que recuerda a lunas iridiscentes o monedas de plata, el que la vuelve inolvidable.

Autóctona del sur de Europa, la lunaria perenne se encuentra flanqueando caminos, en prados húmedos y sombríos, y en el lecho de las corrientes de agua, en consonancia con su naturaleza lunar. En algunas culturas simboliza la honestidad porque, según una leyenda, brotó de manera espontánea junto al hogar de las personas honestas.

Las flores surgen entre abril y mayo mientras que sus característicos frutos secos, las silicuas, aparecen a finales de julio. Por lo general, contienen seis semillas que, al pelarlas, revelan un centro perlado e iridiscente que evoca la imagen de la Luna o de una moneda plateada y brillante.

Justo por su aspecto, la lunaria se sigue utilizando en rituales lunares destinados a celebrar la feminidad y atraer prosperidad y riquezas. Se le atribuyen poderes mágicos relacionados con la suerte y, al usarse como talismán, ahuyenta las energías negativas y los espíritus malvados.

Como miembro de la familia *Brassicaceae*, la lunaria no sólo es comestible, sino que contiene ácido nervónico, un compuesto encontrado en la leche materna, lo que la convierte en un suplemento valioso para los bebés prematuros o cuando no hay una cantidad suficiente de dicha leche.

• LA MAGIA DE LA FLOR •

La presencia lechosa y beneficiosa de la lunaria, que evoca la magia lunar, nos ayuda a aceptarnos y ser sinceros, transparentes y auténticos.

Baobab

ADANSONIA DIGITATA

Con flores inmensas y resplandecientes de un blanco radiante, el baobab es el organismo más grande del planeta Tierra.

También llamado el «árbol de la vida», el baobab puede vivir más de dos mil años. En muchas tradiciones africanas, se venera como figura ancestral. Autóctono de África y Australia, es la suculenta más grande del mundo. En las fibras de su tronco, retiene gran cantidad de agua.

Sólido, presente y arraigado a la Madre Tierra, este árbol simboliza la abundancia y nutre la vida, ofreciéndose con generosidad en todos los aspectos. La corteza se teje para formar cestas y redes o elaborar canoas. Sus hojas, semillas y raíces no sólo son comestibles, sino que también poseen propiedades curativas. Las ramitas proporcionan una bebida refrescante para la sed y la piel de los frutos sirve como sustituto del tabaco o para ahuyentar los insectos. La flor es mágica y extraordinaria. Se abre al atardecer, blanca y majestuosa, y brilla en la noche estrellada, dejándose polinizar por murciélagos y mariposas nocturnas.

Es una flor guardiana que nos invita a aceptar las sombras y nos muestra que en ellas se encuentran las cosas más valiosas de nuestro ser. La flor del baobab habla el lenguaje del misterio, nos anima a experimentar nuestra unidad con la consciencia cósmica y su plenitud. Extiende una invitación para unirnos al intercambio constante de generosidad y gratitud.

• LA MAGIA DE LA FLOR •

Al simbolizar la magia de conocer nuestro lugar en el vacío para preparar la belleza del florecimiento propio, el baobab nos enseña el arte de la espera paciente, firme y fructífera.

Equinácea púrpura

ECHINACEA PURPUREA

Sus pétalos morados rodean un centro espinoso, igual que un erizo, animal al que hace referencia el nombre de equinácea. Con una belleza poco convencional, la flor nos habla de protección y fuerza.

Gracias a sus propiedades beneficiosas es una de las plantas sagradas de los nativos americanos, quienes la utilizan contra enfermedades infecciosas y como antídoto contra las mordeduras de serpientes de cascabel. Tradicionalmente también la fuman o mastican sus raíces durante los rituales en saunas para soportar el calor más tiempo e intensificar el proceso de purificación.

Conocida por sus beneficios para el sistema inmunitario, esta planta es una aliada perfecta para mantener la salud física y el bienestar general. Puede colgarse en hospitales, quemarse para crear un incienso purificador o infusionarse en tés usando sus hojas y raíces.

Cuando se utiliza como amuleto o se coloca cerca del hogar, se cree que atrae la riqueza y la fertilidad. Llevar semillas y pétalos secos en el bolsillo fomenta la prosperidad financiera, mientras que si los colocamos en los zapatos o los usamos en rituales de baño, tonifican el cuerpo y promueven su sanación.

La equinácea también puede usarse para fortalecer, acelerar y aumentar la eficacia de cualquier ritual, además de para intensificar las energías mágicas y psíquicas propias y de los que nos rodean.

• LA MAGIA DE LA FLOR •

Al aprovechar la capacidad innata del cuerpo para curarse y la generosidad ilimitada del mundo natural, la equinácea nos anima a mantener una conexión armoniosa y bidireccional entre nuestros cuerpos y la tierra.

Malva común

MALVA SYLVESTRIS

La malva, símbolo de suavidad y acogimiento, posee unas delgadas flores de un tenue color violeta que expresan la dulzura materna y la delicadeza afectuosa.

El nombre procede del adjetivo griego *malkós*, «suave», y hace referencia a las propiedades emolientes que le otorga la presencia de una gran cantidad de mucílagos. Horacio nos cuenta que los romanos solían alimentarse de ella al conocer sus beneficios. Carlomagno, un apasionado experto en plantas curativas, ordenó su cultivo en los jardines imperiales. En la Edad Media, se usaba para aliviar las piedras del riñón y la inflamación biliaria.

La malva encierra la energía íntegra y materna que lo suaviza y endulza todo. Protege y alivia las membranas mucosas y combate resfriados, dolores de garganta y la inflamación del sistema digestivo. Al ser una flor conectada con la salud femenina, puede usarse en todas las fases de la transformación del cuerpo, incluso durante el embarazo o la lactancia.

Se conoce por sus potentes propiedades protectoras, hasta el punto de que, según la tradición, sus hojas se enterraban en las entradas de los establos para salvaguardar los rebaños y su leche. Cuando se lleva como amuleto o se aplica como ungüento, se cree que repele los hechizos malignos.

En infusión puede proporcionar calma y serenidad, suavizando nuestras aristas más afiladas y equilibrando nuestras emociones exacerbadas.

• LA MAGIA DE LA FLOR •

La malva fomenta la apertura, flexibilidad y tolerancia, ayudándonos a fluir, sobre todo si nos sentimos cerrados y tensos. Nos empuja a confiar en los demás y superar la soledad.

Malvavisco

ALTHAEA OFFICINALIS

Con su encantadora presencia reconfortante, a dos metros del suelo, el malvavisco prospera cerca de corrientes de agua y en terrenos pantanosos, aportando elegancia a esos lugares con la belleza de sus delicadas flores blancas o rosas.

El nombre botánico del malvavisco procede del griego *althein*, «curar». En la imaginería mitológica, Altea, madre de Meleagro y Deyanira, fue un personaje controvertido. Por irónico que parezca, lejos de ser una curandera, Altea acabó matando a su hijo Meleagro en un ataque de ira.

Vinculada de manera intrínseca con el elemento agua, la belleza del malvavisco, aunque discreta, llama la atención, lo que sirve como recordatorio constante de su firme presencia.

Sus raíces, ricas en mucílagos, se usaban en los rituales de fertilidad y afrodisíacos, pero también para suavizar y proteger los aspectos vulnerables de una persona. Es una flor que ofrece consuelo, nos ayuda a deslizarnos por los acontecimientos de la vida sin demasiada resistencia.

Con las flores y las hojas del malvavisco, podemos preparar aceites con los que automasajearnos para protegernos y relajarnos. Podemos quemarlo para limpiar espacios o colocarlo sobre nuestro altar (o cualquier lugar que elijamos en casa) para que atraiga energías benevolentes. Cuando se disfruta en una infusión herbácea, nos vuelve más receptivos y abiertos, a la vez que nos ofrece protección.

LA MAGIA DE LA FLOR

La naturaleza apacible del malvavisco lo convierte en un gigante benevolente que nos enseña cómo todo es más fácil cuando elegimos la indulgencia.

Ramos
DEL JARDÍN DE LOS SENTIDOS

Si buscamos delicadeza, apertura o flexibilidad interna, combinaremos malva y malvavisco.

Para fomentar la abundancia y la fertilidad, optaremos por la equinácea y la flor del manzano.

Si queremos estrechar vínculos o favorecer otros nuevos, compondremos un ramo con tréboles y hierbas doncella o regalaremos una orquídea.

La milenrama, la lunaria y la valiosa flor del baobab nos recuerda que debemos ser auténticos.

Resumen fotográfico

Jardín del alma

GLORIA DE LA MAÑANA

FLOR DE LA PASIÓN

LOTO AZUL

AMAPOLA

BOBINSANA

JAZMÍN

SAÚCO NEGRO

MADRESELVA

GLICINA

IRIS

Jardín del corazón

ROSA

PEONÍA

HIBISCO

LIRIO

AGAPANTO

AMARILIS

HORTENSIA

CRISANTEMO

GERANIO

TULIPÁN

Jardín del sol

HELICRISO

GIRASOL

AZAHAR

MAGNOLIA

FRANGIPANI

RETAMA DE OLOR

CLAVEL

FLOR DE LAS NIEVES

HIPÉRICO

ACIANO

Jardín del niño interior

MANZANILLA DULCE

CALÉNDULA

MARGARITA

PRÍMULA

NOMEOLVIDES

LIRIO DE LOS VALLES

VIOLA

AZALEA

CROCO

CAMPANILLA DE INVIERNO

Jardín del viento

LAVANDA

NARCISO

ZANAHORIA SILVESTRE

PAN DE PUERCO

BOTÓN DE ORO

CARDO MARIANO

ANGÉLICA

ANÉMONA

BREZO

VERBENA

Jardín de los sentidos

TRÉBOL VIOLETA

ORQUÍDEA

HIERBA DONCELLA

MILENRAMA

FLOR DEL MANZANO

LUNARIA PERENNE

BAOBAB

EQUINÁCEA

MALVA

MALVAVISCO

TEXTOS DE
Anastasia Mostacci

Anastasia Mostacci ha tenido un gran interés por las conexiones visibles e invisibles desde una edad muy temprana. Sus actividades académicas incluyen la filosofía y el yoga, compaginados con una exploración minuciosa del reino vegetal. Aprendió a identificar y entender las plantas, a extraer nutrientes de ellas y a elaborar remedios. Desde 2015, ha estado orquestando proyectos e iniciativas diseñadas para potenciar el diálogo entre los humanos y la naturaleza. Acompañada de espíritus vegetales, lidera un itinerario evolutivo que se centra en el conocimiento y la relación con el mundo verde.

ILUSTRACIONES DE
Giada Ungredda

Giada Ungredda es una ilustradora y diseñadora gráfica italiana con un apetito voraz por la narrativa fantástica y *steampunk*, siempre fantaseando con mundos mágicos. Lleva dibujando desde que tiene memoria y, en su tiempo libre, escribe historias que ilustra con acuarelas, lápices y rotuladores. Desde 2020, ha estado produciendo tablas ilustradas botánicas y educativas para proyectos de divulgación. Su arte engalana las páginas de *Healing Animals,* de Vivida.

Todas las fotografías de las páginas 157-159 se han extraído de Shutterstock.